楽しみながら自然に体が強くなる

高齢者の レクリエーション

柔道整復師 辻 徹郎 著

日本文芸社

もくじ

part 1 脳も体も若返る体操＆脳トレ

part 2 てつまる式レク＆エクササイズ

頭を使う脳トレ系レク

みんなで楽しむ ゲーム系レク

自分のペースでできる エクササイズ系レク

レクリエーションを
もっと楽しいものにするために

参加者も指導者も笑顔になる内容をめざして!

本書を手に取っていただきありがとうございます。

「てつまる」こと、辻徹郎と申します。

この本はレクリエーションや体操に悩んでいる介護職員、高齢者の筋力アップや認知症予防をしていきたいと考えている医療従事者、体を動かすことで高齢者を元気にしたいと考えているすべての方たちに向けて執筆しました。

僕は機能訓練指導員としてデイサービスに勤めた後独立し、現在は介護予防をテーマに掲げて高齢者の運動指導を行っています。その傍らさまざまなSNSで、レクリエーションや体操のノウハウを発信し続け、アカウントの総フォロワー数は6万人以上にまで成長しました。

SNSを通して質問をいただくことも多く、その中には、「レクリエーションのネタが見つからない」「毎回ネタを考えるのがしんどい」「人前に立つのが嫌で憂鬱すぎる」といったネガティブなものが少なくありません。

たしかにその気持ちはすごくわかります。僕もデイサービスに勤めていたときはネタが見つからない上に、上司からの圧力で心が折れそうになり、それが原因で辞めようと思ったことは何度もありました。しかし、現在は高齢者の前に立って実践するのが楽しみで仕方ありません。自分を一番表現できる場所といっても過言ではないくらい、生き生きとしています。

それは「参加者も指導者も同じくらい心から楽しむこと」こそが、レクリエーションや体操のネタを見つけることよりも、はるかに大切だと気づいたからです。本書はレクリエーションや体操のノウハウをお伝えする内容になっているため、この考えは一見矛盾しているように思うかもしれませんが、僕はどのようなノウハウも「楽しむ気持ちがあってこそ」だと思っています。

「どの内容だったら自分も参加者も楽しめるかな?」というような、前向きな視点を持って、読み進めてください。

ご縁があって本書を手に取ってくれたあなたには、心から楽しむ気持ちを手に入れてほしいと願っています。読み進めていくうちに、そのような僕の想いを受け取っていただけましたら幸いです。

辻 徹郎(てつまる)

レクリエーションの効果

本編に入る前に、まずはレクリエーションを行うことで
得られる効果をおさらいしましょう。

1 コミュニケーションの活性化

　レクリエーション（以下レク）を実践することで、コミュニケーションが活性化し、参加者同士の仲が深まるという効果が期待できます。年齢を重ねるほど、外出の頻度は減っていき、同時に他者と接する機会も減っていきます。

　近年では感染症の大規模な流行など、予想だにしない不安要素が発生することもあり、交流の機会はさらに顕著に減っていると考えられます。そのような状況においても、レクを行うことで楽しい時間を共有し、前向きな気持ちになることができます。

2 身体機能の向上

　加齢に伴い、体力や筋力は低下していくものです。そして身体機能が低下してしまうと、「外出がおっくうになる」、「転倒しやすくなる」、「意欲が低下し引きこもりがちになる」

　といったような、負のループに陥りがちです。こうした心身の落ち込みを予防するためにも、レクは非常に効果的です。お手玉やボールなどを使った投球レクや、リズムに合わせて体を動かすレクをすることで、筋肉や関節をまんべんなく動かすことができます。筋力や体力を維持すると、気持ちも前向きになることが期待できます。

3 脳の活性化

　本書で紹介しているレクには、さまざまバリエーションを用意しました。中には指先を使った細かい動きを行う脳トレ系のレクや、できるだけはやく反応する瞬発系のレクなどがあります。これらのレクでは筋肉を鍛えるというよりも、判断力をはやくしたり集中力を高めたりする効果が期待できます。脳機能が衰えてしまうと、

　「認知症になる」、「判断力、注意力が低下する」、「事故やトラブルの原因になる」

　といったことを引き起こしやすくなります。脳も筋肉と同じで定期的に使っていかないと衰えてしまう器官です。レクでしっかり予防していきましょう。

本書のレクリエーションで

心 ＋ 体 ＋ 脳 を鍛えて

みんなで楽しく安全に若返りましょう！

てつまる式レクリエーションとは

前ページで挙げた効果に加えて、「てつまる式レクリエーション」における、
レクリエーションの鉄則を解説します。

てつまる式レクリエーション 3つの原則

1
安全第一で
あること!

2
全員に
ウケなくても
よい!

3
「楽しい」を
追求する!

1 安全第一であること!

　レクを効果的に行うよりも大切なことは「ケガや痛みなく、安全に行うこと」です。とくに高齢者の場合は、1回の転倒でその後の人生を寝たきりで過ごすことになる、ということも起こりえます。楽しくて夢中になればなるほど、安全に対する意識は低くなってしまいがちです。少しでもリスクがある場合は、見守りを十分にするか、難しそうなレクを行わないということも選択肢に入れておきましょう。

2 全員にウケなくてもよい!

　参加者からまったくウケなくて落ち込んでいるという相談を受けることがよくあります。参加者の反応が薄いと、自信をなくしてしまいますよね。その気持ちはすごくわかります。でも、笑いのツボが人それぞれであるように、ウケるレクも人によって違います。参加した人の表情や反応をうかがいながら、どのメンバーにどういったレクがウケるのかを自分なりに考え、内容を模索し続けることが重要です。

③ 「楽しい」を追求する！

　本書では、レクや体操で得られるメリットのほか、効果のある部位について細かく解説しています。でも、何よりも大切なことは、参加者に楽しんでもらうことです。人は感情で動く生き物です。どんなに理論に基づいて、効果が大きいとされるレクを行っても、楽しくなければ長続きしません。

　意欲的に参加し続けてもらうためには、「楽しくて仕方ない！」と思ってもらう必要があります。「楽しくて毎回参加していたら、いつの間にか元気になっていた」。これが僕の求めるレクリエーションの理想形です。まずは理屈よりも感情にフォーカスして、「楽しい」を追求してみてください。

レクリエーションは実際に教室でウケたものからセレクト

　本編で紹介しているレクは、てつまる体操教室の参加者と実践して、評判がよかった内容をピックアップしています。そのまま行っていただいてももちろん問題ありませんが、ウケなかった場合はどうすればいいのかなどを改善しながら、参加者に合った内容を導き出してください。

うまく進行する自信がない人へ

　てつまる式レクリエーションの理想は「参加者だけでなく、スタッフも楽しむこと」です。しかし、「人前に立つことが苦手」「うまくレクを進める自信がない」といった悩みを持っているスタッフもたくさんいます。そんな人に対してできる最大のアドバイスは「とにかく場数を踏もう！」のひと言につきます。

　最初から上手にできる人は、ほとんどいません。僕も慣れるまでは、一生懸命やっているのに伝わらず、悔しい思いをしてきました。場慣れするためには「質よりも量」です。うまく振る舞えないと感じている人は、まだ慣れていないからだと自分に言い聞かせ、前向きに頑張ってみてください！

　人前でうまく話せなくても、落ち込む必要はありません。「失敗したかな？」と思っても、自分が思っているほど相手は気にしていないものです。反応がいまいちだったとしても、最初はこんなものと割り切って、緊張しつつも楽しむ気持ちを忘れないでください

本書で紹介するレクリエーション

part 1 脳も体も若返る体操&脳トレ

目的別の体操と、その方法や効果を解説します。

準備体操 ⇒ P.14

体をほぐしてケガを防ぐ、レクをはじめる前に行うと効果的な体操です。

整理体操 ⇒ P.16

疲れを残さないため、レクを終えたあとに行いたい体操です。

エクササイズ

リズム体操 ⇒ P.18

リズムに合わせて同じ動作をくり返し、体を動かすための持久力を鍛える体操です。

筋力トレーニング ⇒ P.22

ボールや棒、タオルを使った「目新しさのある筋トレ」で参加者の興味を引ける体操です。

てつまるダンスで楽しく元気に ⇒ P.28

参加者に一体感を持たせる、てつまるオリジナルのエクササイズです。

てつまるダンス脳トレバージョン ⇒ P.30

脳トレ効果が期待できる、オリジナルエクササイズの別バージョンです。

part 2 てつまる式レク&エクササイズ

楽しみながら脳や体を働かせ、体の機能維持やコミュニケーション能力の活性化が期待できるレクを紹介します。

頭を使う脳トレ系レク ⇒ P.34〜

主に頭を使うゲームで脳機能のアップを期待できる、脳トレ要素の強いレクです。

みんなで楽しむゲーム系レク ⇒ P.68〜

体や指先を主に使い、個人やチームで対決して、にぎやかに楽しめるゲーム系レクです。

自分のペースでできるエクササイズ系レク ⇒ P.110〜

ゲーム要素を楽しみながら、参加者それぞれが無理なく体を動かせる、エクササイズ系のレクです。

レクリエーションの進め方

レクリエーションやエクササイズを自由に組み合わせて、
効果的なプログラムを考えましょう。

レクリエーションの組み立て例

1 あいさつ

まずは担当スタッフの自己紹介からはじめましょう。参加者の中には緊張している人もいるので、「無理のない範囲で行ってください」「肩の力を抜いて、楽しんでいきましょう！」といった声かけをしてあげると、リラックスして参加してくれます。

2 準備体操

P.14〜15を参考に、関節や筋肉をまんべんなく動かして、身体全体を温めましょう。スタッフは参加者の顔色を見て、呼吸を止めながら行っていないか、気を配ってください。

3 説明

これから行うレクの内容を、簡単に説明します。このとき必ず伝えてほしいことは「できなくてもOK」だということ。気楽に参加してもらえるように、あらかじめ伝えておきましょう。

4 てつまるダンス

ここからが本番です。まずは「てつまるダンス」（P.28〜29参照）で手足を大きくテンポよく動かします。ここでは少し呼吸が上がり、軽く汗ばむ程度まで行ってください。もしテンポがはやくてついてこれない参加者がいる場合は、スタッフがテンポを抑えながら8拍を数えて行ってください。

5 脳トレ＆レクリエーション

次に「頭を使う脳トレ系レク」（P.34〜）から2つほどセレクトし、できれば指先を使った細かい動きと、手足を使う大きい動きの脳トレを行います。
つづいてゲーム形式のレクをしましょう。「みんなで楽しむゲーム系レク」（P.68〜）から2つ程度、選んで行ってください。
余裕があれば最後に「自分のペースでできるエクササイズ系レク」（P.110〜）から1つをチョイスして行ってください。

6 整理体操

P.16〜17の整理体操を参考に、ゆっくりとした呼吸で行い、体をオフにします。疲れを残さないために、できるだけ脱力して行うように指導してください。

7 振り返り

最後に振り返りをしましょう。「今回の内容はきつかったですか？」「どこの部位を一番使いましたか？」「1番楽しかったレクは何ですか？」というように、参加者に感想を聞いて、次回のレクにつなげましょう。

楽しい雰囲気をつくるコツ

参加者の中には、レクリエーションに対して苦手意識を持つ人も
少なくありません。全員が積極的に参加し、盛り上がれるように、
スタッフは注意して雰囲気づくりを行いましょう。

参加者のモチベーションをアップさせるには

**内容は簡潔に
伝える!**
> 詳細に話そうとすればするほど、参加者に伝わらなくなっていくため、
> 要点を3つほどに絞って話す。動作を見せながら話すのも効果的。

**意味づけを
する!**
> 「なぜこの動きをするのか」を説明しながら行う。さらに「日常生活に
> どう役立つのか」を伝えられるとベター。例：「太もも前の筋肉を鍛え
> ます」→「歩幅が広くなるので、歩くときのふらつきがなくなります」

**できなくても
問題ないと
伝える!**
> 「難しくてできない」と思わせるのはよくない。「できなくても大丈夫で
> すよ」と伝える。簡単すぎる内容よりも、ある程度、難易度が高いこと
> に挑戦する方が多くの刺激を得られる。脳トレであれば、わかるかわか
> らないか、モヤモヤしているときが脳の刺激になる。

参加者と信頼関係を築くための5ステップ

step 1 それぞれの参加者に目標を確認する
「1km先のスーパーに、自分の足で買い物に行きたい」など、具体的な目標があるとよいでしょう。

step 2 現状を把握する
「目的地の半分くらいまでなら歩ける」など、目標に対して
現状ではどれだけ達成できているか確認します。

step 3 足りない要素を確認する
下肢筋力が必要、柔軟性が必要など、レクの中で参加者が何が必要か確認します。

step 4 プログラムを見直す
参加者の苦手要素克服に効果的なレクを取り入れます。また、「こういう運動がよいですよ」と、
日頃から取り組める体操を提案するのもよいでしょう。

step 5 3か月後の目標を見据える
中間目標を決めて行います。必ずしも最初に決めたゴールに3か月でたどり着かせる
必要はありません。少しでも前進すればOKです。

**目標設定よりも
大切なこと!**
> 今の状態を維持することが大切です。運動をしないと身体機能の低
> 下が起こるため、最低限の運動ができるように導いてください。

安全に行うための事前準備

P.9を参考にレクリエーションのプログラムを考えたら、
スタッフ間でプログラムを共有し、事前に必要な準備を行いましょう。

安心なスタッフの配置

参加者が10人未満の場合は、メインで指導を行う実施者のほか、2人以上のスタッフが必要です。動作がわからず戸惑う参加者に教えたり、急に立ち上がったりしないように見守ってください。参加者が10人以上の場合は実施者のほか、3人以上いると動きやすいです。いずれも途中でトイレに行きたくなった参加者の対応などが必要なため、2～3人以上のサポートに入ってもらうのが理想です。

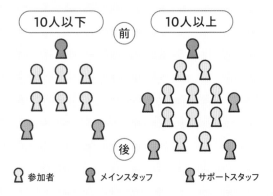

10人以下　前　10人以上

後

参加者　メインスタッフ　サポートスタッフ

使用する「いす」の種類

左のようないすは、軽くて倒れやすいためおすすめしません。参加者が足などを引っかけたときに、いすと一緒に転倒してしまうおそれがあります。

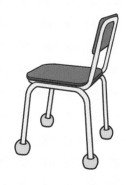

レクに使用するいすは、鉄などを使用したある程度重さがあるものをおすすめします。また、まひなどがある参加者は、ひじ置きのあるいすを使うことで横に転落してしまうリスクを軽減できます。

シミュレーションを行う

レクを選ぶときは、盛り上がるかどうかだけではなく、参加者の中でも身体機能の低下が大きい人を想定して、「どの内容ならみんなが参加できるか」を見極めることが大切です。スタッフ同士でレクを試しながら、考えられるリスクを最小限に抑えるためには、どのような配置や介助が必要かまでをイメージしてください。

全員で楽しめるように、どう介助するか考えましょう。どのスタッフがどの参加者の介助に入るかを決めておくとスムーズです。

大声が出せなくても盛り上がる応援方法

感染症対策やウイルス予防などの観点から、発声などを制限している施設も多いかと思います。そのようなケースでも工夫次第でレクを盛り上げられます。

手拍子や鳴り物を使う

　声が出せない場合は、手拍子で応援しましょう。手拍子でリズムを取って応援したり、うまくいったら拍手をしたりというのは、盛り上がるために欠かせないことです。加えてバケツの底を棒でたたく、鳴子などを使って音を出すといった方法もおすすめです。

自然と盛り上がるレクリエーションを選ぶ

　意図的に応援したり盛り上げたりしなくても、「レクに参加しているだけで自然と盛り上がる」というところがポイントです。例えば、成功するか失敗するか、適度な緊張感があるレクは、やるだけで自然と盛り上がります。例えばP.80「ねらって投げて」のように、参加者に一体感が生まれるようなレクは、自然と笑いが起き、場の雰囲気が和むでしょう。

ホワイトボードを使うレクリエーションを選ぶ

　しりとりをはじめとする、ホワイトボードを使ったレクもおすすめです。体を動かすのではなく、座ったまま考えるレクは、応援などで発声する機会が比較的少なくなります。体を動かすレクとくらべると、レクの途中で笑いが起こる量も少ないですが、脳が活性化します。こうした「静かな盛り上がり」のあるレクも楽しいものです。

脳も体も若返る
体操＆脳トレ

Part1の見方

体操のねらい

この体操を行うことで、期待できる効果です。

体操のテーマ

体操の内容とねらい、体操名をひと言にまとめています。

取り入れたいタイミング

この体操はどのようなケースで行うのがおすすめか紹介しています。

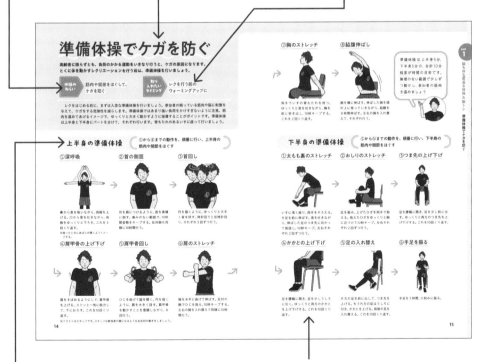

体操名

体操の名前と具体的な効果を紹介しています。

体操の手順

体操の一連の流れです。動作ごとの目安となる回数についても解説しています。

準備体操でケガを防ぐ

高齢者に限らずとも、負荷のかかる運動をいきなり行うと、ケガの原因になります。
とくに体を動かすレクリエーションを行う前は、準備体操を行いましょう。

体操の ねらい 筋肉や関節をほぐして、ケガを防ぐ

取り 入れたい タイミング レクを行う前の ウォーミングアップに

　レクをはじめる前に、まずは入念な準備体操を行いましょう。参加者の眠っている筋肉や脳に刺激を与えて、ケガをする危険性を減らします。準備体操ではあまり強い負荷をかけすぎないように注意。筋肉を温めてあげるイメージで、ゆっくりと大きく動かすように指導することがポイントです。準備体操は上半身と下半身にパートを分けて、それぞれ行います。背もたれのあるいすに座って行いましょう。

上半身の準備体操

①から⑧までの動作を、順番に行い、上半身の筋肉や関節をほぐす

①深呼吸

鼻から息を吸いながら、両腕を上げる。口から息を吐きながら、両腕をゆっくりと下ろす。これを3回くり返す。
※吸ったときにあばらが開くようイメージする。

②首の側屈

耳を肩につけるように、首を真横に倒す。痛みのない範囲で、10秒間姿勢をキープする。反対側も同様に10秒間行う。

③首回し

円を描くように、ゆっくりと大きく首を回す。時計回りと反時計回り、それぞれ5回ずつ行う。

④肩甲骨の上げ下げ

肩をすぼめるようにして、肩甲骨を上げる。ストンと一気に脱力して、下におろす。これを10回くり返す。

⑤肩甲骨回し

ひじを曲げて脇を開く。円を描くように、肩を大きく回す。肩甲骨を動かすことを意識しながら、8回行う。

⑥肩のストレッチ

腕を水平に曲げて伸ばす。反対の腕でひじを抱え、10秒キープする。左右の腕を入れ替えて同様に10秒間行う。

※イラストはスタッフです。スタッフは参加者の鏡になるよう左右反対の動きをしましょう。

⑦胸のストレッチ

両手でいすの背もたれを持つ。ゆっくりと息を吐きながら、胸を前に突き出し、10秒キープする。これを2回くり返す。

⑧脇腹伸ばし

腕を横に伸ばす。伸ばした腕を頭の上に持っていきながら、脇腹を8秒間伸ばす。左右の腕を入れ替えて、それぞれ行う。

準備体操は上半身5分、下半身5分の、合計10分程度が時間の目安です。無理のない範囲で少しずつ動かし、参加者の筋肉を温めましょう

下半身の準備体操

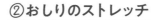①から⑥までの動作を、順番に行い、下半身の筋肉や関節をほぐす

①太もも裏のストレッチ

いすに浅く座り、両手をそろえる。片足を前に伸ばす。息を吐きながら、伸ばした足のつま先に向かって前屈し、10秒キープ。左右それぞれ2回ずつ行う。

②おしりのストレッチ

足を組み、上げたひざを両手で抱える。抱えたひざをゆっくりと胸に近づけて10秒キープ。左右それぞれ2回ずつ行う。

③つま先の上げ下げ

足を腰幅に開き、足を少し前に出す。ゆっくりと両方のつま先を上げ下げする。これを10回くり返す。

④かかとの上げ下げ

足を腰幅に開き、足を少しうしろに引く。ゆっくりと両方のかかとを上げ下げする。これを10回くり返す。

⑤足の入れ替え

片方の足を前に出して、つま先を上げる。もう片方の足はうしろに引き、かかとを上げる。前後の足を入れ替える。これを10回くり返す。

⑥手足を振る

手足を5秒間、小刻みに振る。

15

整理体操で体をリセット

エクササイズや体を動かすレクリエーションの後は、疲労を軽減するために整理体操を取り入れるとよいでしょう。参加者の体への負担を減らし、レクリエーションへの満足度も高めます。

> **体操の ねらい** 疲労回復や心臓への 負担を軽減する

> **取り 入れたい タイミング** 運動系のレクを行った後、 プログラムの終盤など

　レクのプログラムをつくる際は、クーリングダウンのための整理体操を取り入れましょう。運動で血流が活発になったところを、急に動きを止めてしまうと、体に負担がかかってしまいます。整理体操では、活発に筋肉や関節を動かすのではなく、1つの部位あたり20秒ほどかけて、ゆっくり伸ばしましょう。また、伸ばす部位をとばさないように、首、肩、体幹、下肢と上から順に行いましょう。

全身の整理体操

①から⑭までの動作を順番に行い、全身の筋肉 や関節を休ませる

①深呼吸

鼻から息を吸いながら、両腕を上げる。口から息を吐きながら、両腕をゆっくりと下ろす。これを3回くり返す。
※吸ったときにあばらが開くようイメージする。

②首のストレッチ（左右）

姿勢を正したまま、首をゆっくり真横に倒す。痛みのない範囲で15〜20秒間姿勢をキープする。反対側も同様に行う。

③首のストレッチ（うしろ）

肩を正面に向けたまま、うしろを振り向くように首だけを動かし、痛みのない範囲で15〜20秒間姿勢をキープする。反対側も行う。

④首のストレッチ（上）

両手で親指を合わせてあごにつけ、あごを持ち上げるように上を向く。痛みのない範囲で15〜20秒間姿勢をキープする。

⑤首回し

円を描くように、ゆっくりと大きく首を回す。時計回りと反時計回り、それぞれ5回ずつ行う。

⑥肩のストレッチ

腕を水平に曲げて伸ばす。反対の腕でひじを抱え、10秒キープする。左右の腕を入れ替えて同様に10秒間行う。

⑦腕の内側

手の平を上に向けて片腕を前に伸ばす。指先を持ち、軽く下に伸ばす。痛みのない範囲で15〜20秒間姿勢をキープ。両腕とも行う。

※まっすぐ伸ばすのが難しい場合は、ひじを曲げてもOK。

⑧腕の外側

指先を内側に向けて両手の甲をももにのせる。痛みのない範囲で15〜20秒間姿勢をキープ。余裕があれば体を少し前に倒す。

⑨手首回し

両手を組んで、手首をぐるぐると回す。15秒ほど続ける。左回しと右回し、それぞれ行う。

※関節にリウマチがある場合は避ける。

⑩背中伸ばし

両手を組んで、息を吐きながら腕を前に伸ばす。へそをのぞき込むように背中を丸めて、15〜20秒間姿勢をキープする。

⑪背中伸ばし（左右）

⑩で背中を丸めた状態で体をひねり、両腕と頭体を右に向ける。15秒姿勢をキープしたら、同じように反対側に体を向ける。

⑫太もも裏ストレッチ

片足を前に出す。出した足のつま先を、天井に向けて上げる。両腕を伸ばして前屈し、15〜20秒間キープ。反対側の足も行う。

⑬おしりのストレッチ

足を組み、上げたひざを両手で抱える。抱えたひざをゆっくりと胸に近づけて、15〜20秒間キープ。反対側も行う。

※股関節が痛くて足を組むのが難しい場合は、足を組まずに上げてもよい。

⑭足首回し

片足を前に出し、つま先で円を描くように足首を回す。左右それぞれの向きに15秒ずつ回す。反対側の足も同様に行う。

整理体操はゆっくりと呼吸をしながら行いましょう。痛みが出ないように、無理せず行うように指導しましょう

手首回しや足首回しをスムーズに行えない参加者には、自分の手で手足を持って、手の力で大きく動かすよう指示する。

リズム体操で持久力アップ

テンポよく体を動かすことで、持久力をアップさせる体操です。
少しの時間行うだけでも、血流がよくなり体が温まります。

> **体操の
> ねらい**　筋肉の持久力と
> 心肺機能を向上させる

> **取り
> 入れたい
> タイミング**　参加者全体の基礎的な
> 体力を向上させたい

　参加者の中には「息切れしやすくて、長く歩けない」という人も少なくないでしょう。リズム体操は筋肉をどれだけ長く動かし続けられるか（筋持久力）を高めたり、心肺機能を向上させたりする効果が期待できます。毎回プログラムに取り入れて、参加者全体の筋持久力を高めれば、体を動かす他のレクをより楽しめるようにもなるでしょう。参加者の様子を見ながら、無理のない範囲で行ってください。

リズム体操の方法

リズム体操は３つのパートに分かれています。
途中に休けいをはさみながら、それぞれのパートを行います。

①肩・肩甲骨まわりの
リズム体操 ⇒ P.19

②体幹ひねりの
リズム体操 ⇒ P.20

③下肢筋力＆足関節の
リズム体操 ⇒ P.21

いずれの体操も、いすに座って行います。
スタッフは「いち、に、さん、よん」と声を出してリズムを取り、参加者の前で動きの手本になりましょう。

理想的な負荷は「呼吸が少し上がって、軽く汗ばむ程度」です

> **注意点**
>
> 熱心なあまり、クタクタになるまで行わせるのは厳禁です。疲れを翌日まで引きずってしまったり、痛みを引き起こしてしまったりすることもあります。また血圧が上がることを心配する参加者もいるでしょう。

①肩・肩甲骨まわりのリズム体操

①から④までの動作を順番に行い、肩・肩甲骨まわりの筋肉や関節をほぐす

　加齢によって背中が丸くなると、肩甲骨を動かす機会が減っていきます。すると肩甲骨の周囲の筋肉や関節がかたくなり、肩こりや首の痛み、腰痛などを引き起こしてしまいます。肩甲骨を意識して、大きく動かすと効果的です。

①両手でボート漕ぎ

体を前に倒しながら、両手を前に伸ばす。体を起こしながら、ひじを大きく引いて胸を張る。この動きを、テンポよく10回くり返す。

②片手でボート漕ぎ

体を前に倒しながら、片手を前に伸ばす。ひじを大きく引く。この動きを、テンポよく10回くり返す。同様に反対側の腕でも行う。

③平泳ぎのように

体を前に倒しながら、両手を左右に伸ばす。体を起こしながら、ひじを大きく引いて胸を張る。この動きを、テンポよく10回くり返す。

④背伸びのように

背伸びをするように、両手を上に伸ばす。腕を曲げながら下ろしつつ、胸を張るように肩甲骨を寄せる。この動きを、テンポよく10回くり返す。

いち！に！さん！よん！とテンポよく声をかけ、参加者を導く。腕を伸ばす動作では肩甲骨を開くように、腕を引く動作では肩甲骨を寄せるように意識させる。

②体幹ひねりのリズム体操

①から③までの動作を順番に行い、体幹の筋肉を刺激する

　肩甲骨が温まってきたら、次に刺激するのは体幹。体幹の筋力が落ちると、歩行能力の低下や姿勢の悪化につながります。体をひねりながら、腕を伸ばします。ひじを伸ばすときは、手をできるだけ遠くに向けるように意識させてください。

①ストレートの動作

いち！

に！

※体をひねり、ストレートパンチをするイメージ。

片足を横に開き、ひじを曲げて片手をうしろに引く。うしろに引いた手はこぶしを握り、顔は足を開いた側に向けてキープする。正面に向けてすばやく、まっすぐにこぶしを伸ばす。この動きを、テンポよく10回くり返す。同様に左右を入れ替えて行う。

②アッパーの動作

いち！

に！

※体をひねり、アッパーカットをするイメージ。こぶしを突き上げるとき、ひじは直角を意識したまま行う。

片足を横に開き、ひじを直角に曲げて片手をうしろに引く。うしろに引いた手はこぶしを握り、顔は足を開いた側に向けてキープする。正面に向けて、下からすくうようにこぶしを突き上げる。この動きを、テンポよく10回くり返す。同様に左右を入れ替えて行う。

③フックの動作

いち！

に！

※体をひねり、フックをするイメージ。ひじは直角を意識したまま行う。

片足を横に開き、ひじを曲げて片手をうしろに引く。うしろに引いた手はこぶしを握り、顔は足を開いた側に向けてキープする。曲げたひじが顔の前あたりに来るようにして、こぶしを横に動かす。この動きを、テンポよく10回くり返す。同様に左右を入れ替えて行う。

アッパーとフックでは、動かす側のひじを直角に曲げたままで行ってください

ひじを引く動きでは、肩甲骨と背骨を寄せるようにイメージするとより効果的。1回1回の動作を意識させる。

③下肢筋力&足関節のリズム体操

①から④までの動作を順番に行い、下肢の筋肉と足関節をほぐす

最後は下肢筋力＆足関節の可動域強化。歩く上で欠かせない、大きな筋肉を鍛えます。下肢の体操でリズムをとるときは、肩甲骨や体幹の体操よりもゆっくりとしたスピードで行ってください。負荷がかかっている筋肉を意識して行うと、より効果的です。

①レッグエクステンション

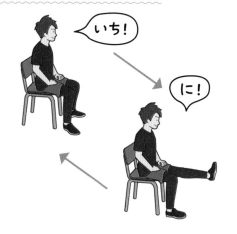

片足を前に伸ばし、姿勢をキープする。ゆっくりとひざを曲げて足を下ろす。この動きを、ゆったりしたテンポで10回くり返す。同様に左右を入れ替えて行う。

②アブダクション

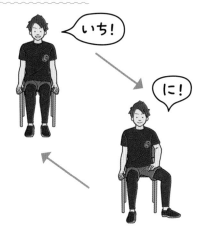

片足を横に開く。ひざをそろえて、足を閉じる。この動きを、ゆったりしたテンポで10回くり返す。同様に左右を入れ替えて行う。

③つぎ足ステップ

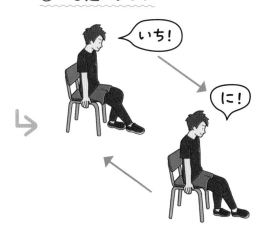

1本の線の上を歩くように、つま先とかかとを合わせる。前後の足を入れ替える。この動きを、ゆったりしたテンポで10回くり返す。

④両ひざの上げ下げ

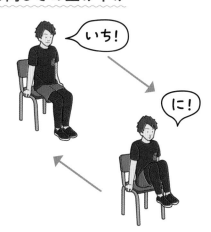

いすの側面を持ち体を支える。両足を同時に持ち上げる。ゆったりしたテンポで、足の上げ下げを10回くり返す。

いち…、に…、さん…、よん…と、肩や体幹のリズム体操よりも、ゆっくりしたテンポで声をかけ、参加者を導く。

道具を使った筋力トレーニング

身近な道具を使った、効果的な筋力トレーニングのメニューです。
さまざまな道具を使うと、参加者が飽きずに取り組めるというメリットもあります。

体操の ねらい ▶ 自体重を使わず、効果的に筋力アップする

取り 入れたい タイミング ▶ 参加者の筋力を維持、向上するトレーニングとして

筋肉量の減少は日常生活を困難にする原因になるため、レクの一環として筋力トレーニングを取り入れるのは推奨すべきことです。しかし、高齢になるとプッシュアップ（腕立て伏せ）やプランクといった「自重を使ったトレーニング」が難しくなります。そこで、ボール、棒（新聞紙を丸めたもの）、タオルなど道具を使ったトレーニングをおすすめします。いずれも背もたれのあるいすに座って行います。

3つの道具で楽しみながらトレーニング

レクでも使用頻度の高い3つの道具を使ったトレーニング法を紹介します。
目的に合わせて、道具を使ったトレーニングを1順行うとよいでしょう。

①ボールを使った筋力トレーニング

大きい筋肉を鍛えたい
場合におすすめ ⇒ P.23

②棒を使った筋力トレーニング

上半身を鍛えたい
場合におすすめ ⇒ P.24

③タオルを使った筋力トレーニング

握力など手先を鍛えたい
場合におすすめ ⇒ P.26

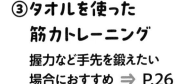

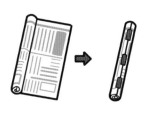

いずれの体操も、いすに座って行います。スタッフは人数分の道具を用意し、参加者の前で動きの手本になりましょう。

◎無理なく効果的に行うポイント！

スピードを意識して行いましょう。ゆっくりと時間をかけて筋肉を刺激することで、トレーニングはより効果的になります。今、どの筋肉や関節を使っているのかを説明し、参加者に意識させてください。

❗注意点

筋力トレーニング中に、呼吸を止めて力を入れるのは厳禁です。血圧が上がる原因になります。力を入れるときは息を吐き、力を抜くときは息を吸うように指導しましょう。

道具を使ったトレーニングは目新しさがあるため、参加者も楽しんで取り組めます！

①ボールを使った筋力トレーニング

①から⑥までの動作を順番に行い、大胸筋や内転筋を刺激する

　レクで使用することも多いゴムボールを使ったトレーニング。上半身では腕や胸、下半身では大腿部の、大きい筋肉を鍛えたい場合に効果的な内容です。ボールをつかみやすいように、入れる空気はほどほどの量で抑えましょう。

①腕振り

ボールを片手で持ち、前後に振るように腕を動かす。左右それぞれ、1分ずつ行う。

②脇つぶし

腕を曲げてひじと胴にボールをはさみ、つぶすように脇と胴を寄せる。3秒続けたら力を抜き、また3秒力を入れる。左右それぞれ、1分ずつ行う。
※脇の高い位置にはさむのではなく、ひじのあたりを使う。

③大胸筋トレーニング

背筋を伸ばしてひじを張り、両手の平で押しつぶすようにボールを支え、力を入れる。3秒続けたら力を抜き、また3秒力を入れる。左右それぞれ、1分ずつ行う。

④内転筋トレーニング

足にボールをはさみ、ひざでつぶすように閉じる。3秒続けたら力を抜き、また3秒力を入れる。これを1分ほど行う。

⑤ボール踏み

ボールの上に片足をのせ、ボールを足の力だけでつぶす。3秒続けたら力を抜き、また3秒力を入れる。左右それぞれ、1分ずつ行う。
※転倒の危険を減らすため、足に手を添えるよう指導する。力を入れるときは体重をかけるのではなく、足の力だけで行う。

⑥左右のボール転がし

ボールを軽く踏み、ボールを転がすようにして、足を左右に動かす。左右の足でそれぞれ、1分ずつ行う。
※足は股関節から動かすことを意識する。足はボールの上から落ちないように留める。

ゴムボールは空気を入れ過ぎないように注意。たわむくらいの柔らかさにすると、つかみやすくてちょうどよい。

②棒を使った筋力トレーニング

①から⑧までの動作を順番に行い、上半身を中心に筋肉を刺激する

棒は新聞紙を細く丸めたものを使用します。一連のトレーニングで上肢、下肢、どちらも鍛えられますが、とくに上半身を鍛えたい場合におすすめです。腕を伸ばす、引くなど、ひとつひとつの動きは2〜3秒かけてゆっくり行いましょう。

①肩甲骨の引き寄せ（水平）

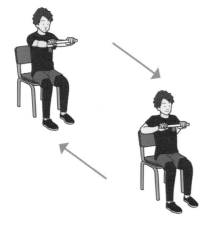

棒の両端を持ち、まっすぐ手を伸ばす。肩甲骨を寄せながらひじを引き、棒を胸に近づける。一連の動きを10回行う。

②肩甲骨の引き寄せ（上→下）

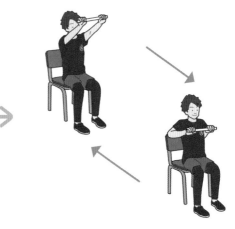

棒の両端を持ち、ななめ上に手を伸ばす。肩甲骨を寄せながらひじを引き、棒を胸に近づける。一連の動きを10回行う。

③肩甲骨の引き寄せ（下→上）

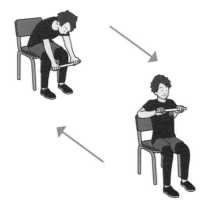

棒の両端を持ち、体を前屈させてななめ下に手を伸ばす。体を起こしながらひじを引き、棒を胸に近づける。一連の動きを10回行う。

④面の動作

棒を縦にして両手で持ち、振りかぶるようにうしろに引く。胸の前まで手を振り下ろす。一連の動きを10回行う。

「肩甲骨の引き寄せ」トレーニングは、「2秒かけて腕を伸ばす」、「2秒かけて腕を引く」という具合に、ゆったりりしたペースで行う。

⑤ななめの棒振り

棒を縦にして両手で持ち、両手を右下で構える。左上に向かって、棒を振り上げる。一連の動きを10回行い、左右を入れ替えて同様に10回行う。

⑥足の入れ替え

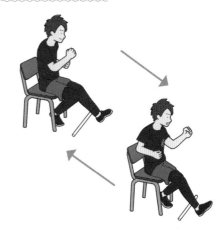

棒を横にして床に置く。片足を棒のうしろに引き、もう片方の足は棒を越えて前に伸ばす。左右の足を入れ替えて棒をまたぐ。一連の動きを10回行う。

⑦棒またぎ（横）

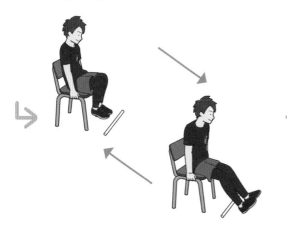

棒を横にして床に置く。両足をそろえて同時に上げる。両足そろえて伸ばし、棒をまたぐ。一連の動きを10回行う。

⑧棒またぎ（縦）

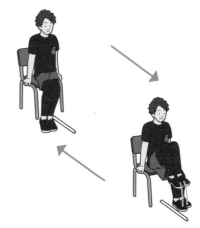

棒を縦にして床に置く。両足をそろえて同時に上げる。両足そろえて伸ばし、棒を左にまたぐ。足を下ろす位置を左右入れ替えて、棒をまたぐ。一連の動きを10回行う。

体を動かしている間は、息を止めないように！ ゆっくりと大きく呼吸をしながら行うよう指導しましょう

参加者がゆっくりとしたペースで行えるように、スタッフは見本として動きを見せながら、ゆっくり数を数えるなどしてテンポをコントロールする。

③タオルを使った筋力トレーニング

①から⑥までの動作を順番に行い、手や指先を中心に筋肉を刺激する

　タオルはフェイスタオルを使います。ここで紹介するトレーニングメニューを一通り行うことで、上肢と下肢、どちらの筋肉も刺激できますが、タオルをつかむ動作は手指の筋肉への効果も期待できます。参加者の握力不足を解消しましょう。

①雑巾しぼり

タオルを小さくたたみ、両端を持つ。雑巾をしぼるように、手首をひねる。これを10回程度行う。

②片手で手繰り寄せ

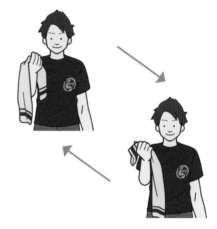

片手でタオルを持ち、手を前に出してタオルをたれ下げる。タオルをつかんでいる手だけを使って、端から端まで手繰り寄せる。反対側の手でも行う。

③ななめに伸ばす

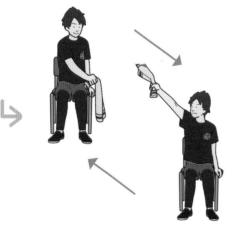

右手でタオルの先端を持ち、腰の左側に右手を当てる。右手を振り上げて、右ななめ上にタオルを振り上げる。振り上げた右手を下ろし、腰の左側に当てる。これを左右それぞれ10回ずつ行う。

④ひざの上げ下げ

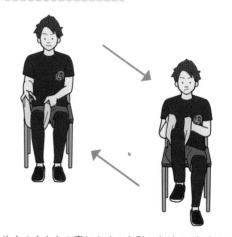

片方の太ももの裏にタオルを引っかけて、タオルの両端を両手で持つ。ひじを曲げながら、腕と足、両方の力を使って足を持ち上げる。その後、腕と足の力をゆっくり抜いて足を下ろす。これを左右それぞれ10回ずつ行う。

> タオルを「ななめに伸ばす」トレーニングでは、タオルを大きく振ることになるため、参加者同士でぶつからないようにいすの距離を大きくとる。

⑤中殿筋のトレーニング

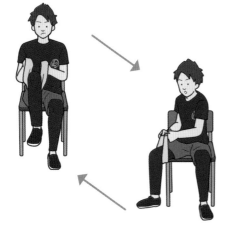

④ひざの上げ下げと同様に足を持ち上げた後、その
まま持ち上げた足を横に開いてから下ろす。同様に
開いた足を持ち上げ、前に動かしてから閉じる。これ
を左右それぞれ10回ずつ行う。

⑥レッグエクステンション

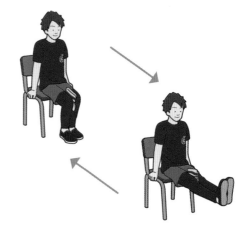

タオルを小さくたたみ、両足を閉じてひざの間にはさむ。はさんだタオルを落とさないように足を閉じたまま、両足を上げて前に伸ばす。同じく、タオルを落とさないようにしながら足を下ろす。これを10回行う。

足裏エクササイズで冷えを予防

　高齢になると、手指や足の冷えに悩む人が少なくありません。指先の冷えを予防するためには、末端まで血を巡らせる必要があります。リズム体操や、道具を使った筋力トレーニングは、冷えの解消にもつながります。さらに、スリッパや運動靴を脱いで、裸足になることができるようであれば、タオルを使った体操の最後に、次の運動をプラスするとよいでしょう。

タオルギャザー

 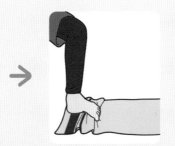

裸足になり、指の曲げ伸ばしをしながらタオルを端から端まで
手繰り寄せる。これを左右の足でそれぞれ5回ずつ行う。

※タオルギャザーは関節が痛まない範囲で、大きくゆっくりと足指を動かす。
　こむら返りしないために、無理をしないよう指導します

寒いところでエクササイズを行うと、足の裏がつりやすくなるので、トレーニングの際は部屋の温度に注意してください

part 1　脳も体も若返る体操＆脳トレ　道具を使った筋力トレーニング

27

てつまるダンスで楽しく元気に！

リズムに合わせて、全身をまんべんなく動かすダンスです。運動系レクリエーションの1つとして取り入れるほか、参加者とスタッフに一体感を生む効果も期待できます。

体操の ねらい	●有酸素運動を指導したいとき ●参加者と一体感を得たいとき	取り 入れたい タイミング	●体を動かすレクの定番に ●準備体操の後に

　楽しみながら上肢と下肢をまんべんなく動かせるエクササイズ。参加者の心拍数を適度に上げるための内容です。すべての動作を8拍で行い、1分半ほどくり返し行ってください。はじめはとくに音楽などを流さず、スタッフはゆっくりと8拍を数えながら、参加者に動きをまねさせてください。動きに慣れたら、徐々にテンポを上げていき、最後はアップテンポな曲を流しながら行ってみましょう。

てつまるダンス

①から⑨までの動作を順番に行い、くり返し1分半ほど続ける

基本姿勢

参加者はいすに座る。周囲に手を伸ばしたとき、ほかの参加者とぶつからない程度に距離をあける。

①その場で足踏み

リズムに合わせて両手、両足を上げ、その場で足踏みをする。「右手、左手、右手、左手…」と16拍で行う。

②ななめに手を上げる

手をななめ上に上げ、基本の姿勢に戻る。もう片方の手は腰に当てて、目線は手の先に。左右の手で交互にくり返す。「右手、戻す、左手、戻す」と4拍で行う。

③足をななめに伸ばす

片足をななめ前に出し、基本の姿勢に戻る。手は腰に当てる。左右の足で交互にくり返す。「右足、戻す、左足、戻す」と4拍で行う。

※写真はスタッフです。スタッフは参加者の鏡になるよう左右反対の動きをしましょう。

④手足を同時に伸ばす

②③の動きを片側の手足をそろえて行う。左右の手足で交互にくり返す。「右手と右足、戻す、左手と左足、戻す」と4拍で行う。

⑤両方開いて閉じる

両方の手足を同時に開いて、基本の姿勢に戻る。「右手と右足、左手と左足、右だけ戻す、左も戻す」と4拍で行う。

⑥クロスパンチ上下

左手をななめ前に突き出してパンチし、腕を交差させるように右手をななめ前に突き出してパンチ。続けて左手でななめ上にパンチ、右手でななめ上にパンチ。一連の動作をくり返す。「左前右前、左上右上、左前右前、左上右上、左前右前、左上右上、左前右前、左上右上」と、8拍で行う。

⑦肩の上げ下げ

両手を下ろして、肩を上下に動かす。「上下、上下、上下、上下」と8拍で行う。

⑧片足出して腕振り

左足を前に出し、右足を少しうしろに下げた状態で、交互に腕を振る。「右手、左手、右手、左手…」と16拍で行う。

⑨足を入れ替えて腕振り

右足を前に出し、左足を少しうしろに下げた状態で、交互に腕を振る。「右手、左手、右手、左手…」と16拍で行う。

①からくり返して続ける

肩や腰、ひざ関節などに痛みを持っている人に対しては、動かせる範囲で行うように指導する。

てつまるダンス脳トレバージョン

両手をリズムに合わせて動かし、顔にタッチするダンスです。
体を動かす「てつまるダンス」よりも、脳トレ効果を重視しています。

| 体操の
ねらい | 複雑な手の動きで
脳へ刺激を与える |
| 取り
入れたい
タイミング | 脳トレ系レクを行う前の
ウォーミングアップに |

　手をパーにする動作を「て」、指で数字の2をつくる動作を「つ」、OKサインをつくる動作を「まる」として、指で「て、つ、まる」とくり返す脳トレです。顔の横で手を出すバージョンと、顔に触れるバージョンがあります。片方のバージョンに慣れたら、もう片方を行って、脳に新鮮な刺激を与えるとよいでしょう。まずは音を流さず練習し、慣れたらアップテンポの曲を流してみましょう。

手だけを使ったパターン

①から⑥までの動作を順番に行い、くり返し1分半ほど続ける

①て（右手）

「て」と言いながら、右手をパーの形にして顔の横に出す。

②つー（左手）

「つー」と言いながら、左手をチョキの形にして顔の横に出す。

③まる（右手）

「まる」と言いながら、右手の親指と人さし指でマルをつくる。

④て（左手）

「て」と言いながら、左手をパーの形にして顔の横に出す。

⑤つー（右手）

「つー」と言いながら、右手をチョキの形にして顔の横に出す。

⑥まる（左手）

「まる」と言いながら、左手の親指と人さし指でマルをつくる。

①からくり返して続ける

※写真はスタッフです。スタッフは参加者の鏡になるよう左右反対の動きをしましょう。

顔に触れるパターン

①から⑥までの動作を順番に行い、くり返し1分半ほど続ける

①て（右手）

「て」と言いながら、右手を広げて右のほほにタッチします。

②つー（左手）

「つー」と言いながら、左手をチョキの形にしてあごに当てます。

③まる（右手）

「まる」と言いながら、右手の親指と人さし指でマルをつくり、右目でマルをのぞきます。

④て（左手）

「て」と言いながら、左手を広げて左のほほにタッチします。

⑤つー（右手）

「つー」と言いながら、右手をチョキの形にしてあごに当てます。

⑥まる（左手）

「まる」と言いながら、左手の親指と人さし指でマルをつくり、左目でマルをのぞきます。

①からくり返して続ける

トレーニングの負荷はどう決める？

　脳トレも筋力トレーニングも、ある程度の負荷があった方が、参加者はやりがいを感じるものです。「トレーニングは厳しすぎて、参加者がついてこられないのでは？」と考えて、なるべくやさしい難易度で行った結果、参加者に「簡単すぎて物足りない」というネガティブな印象を与えてしまうのは避けたいところです。

　負荷をコントロールするコツは、基準となる参加者を1人決めること（このときは、あなたが「ぜひ、元気になってほしい！」と思う人を選んでください）。そして、その人の様子を見ながら、簡単そうであれば難しく、厳しそうであればやさしめに、負荷を調整してみるとよいでしょう。

そもそも参加者の得意不得意は人それぞれ違います！ たとえ100％の満足を得られなくても、気落ちしないことです

介護とレクリエーションの 用語集

介護とレクリエーションに関する用語集です。本書を読み進めるうえで、ここで紹介する言葉を抑えておくと、より理解が深まるでしょう。

意識性の原則 》いしきせいのげんそく

トレーニングに取り組むときは、何も考えずに行うよりも、意識をするほうが効果が高まるという原則のこと。例えば筋トレの際に「どの筋肉を動かすか」「体のどのあたりに効いてくるか」を意識したほうが、より効果的になる。介護レクにおいては、参加者にトレーニングの効果を伝え、意識させることが重要になる。

片まひ 》かたまひ

体の右側か左側、どちらか一方の手足が動きにくい（まひの症状が出ている）状態。いわゆる半身不随のことで、脳卒中の後遺症などで多く見られる。本書では、片手だけを使うレクや、介助によって片まひの参加者でも楽しめるレクも掲載している。

健側 》けんそく

片まひや障害を負っている場合に、障害を受けていない側のこと。障害がある側をさす言葉に、患側（かんそく）がある。

自重トレーニング 》じじゅうとれーにんぐ

自分自身の体重を負荷にして行う筋力トレーニングのこと。腕立て伏せが代表例。介護が必要な人の場合、激しい自重トレーニングを行うのが難しいこともあるため、ダンスや道具を使った自重を使わないトレーニングが有効なケースも多い。

整理体操 》せいりたいそう

運動をした後に、血流を安定させたり、疲労回復をはやめたりすることを目的として行う体操。

盲 》もう

視力が全くない、またはほとんどない状態のこと。
本書では会話だけで行うレクや触覚を使ったP.60「指で書いて！　背中なぞり」のような、視覚障害のある方でも楽しめるレクを掲載している。

短期記憶 》たんききおく

短い間だけ覚えていられる記憶のこと。例えば、電話をかけるために電話番号を目にして、電話機に番号を入れ終えるまで覚えているのが、短期記憶。対となる長期記憶は、自宅の電話番号のように、長く覚えていられる記憶のこと。

有酸素運動 》ゆうさんそうんどう

水泳やウォーキングのほか、本書で紹介するリズム体操やダンスのような、長期間続けられる運動のこと。比較的、筋肉へかかる負荷が軽い。

要介護 》ようかいご

日常生活中の動作（食事や入浴、トイレなど）について、自分で行うことが難しく、常に介護が必要だと見込まれる状態のこと。介護保険制度においては市町村から要介護の状態だと認められた場合に、「要介護認定」となる。

要支援 》ようしえん

現状では日常生活中の動作（食事や入浴、トイレなど）をほぼ自分で行えるものの、日常生活で誰かの支援が必要な状態のこと。将来的に「要介護」の状態になり得る状態をいう。介護保険制度においては市町村から要支援の状態だと認められた場合に、「要支援認定」となる。

レクリエーション

娯楽として行われる活動のこと。現在の状態より身体的にも精神的にも向上することを目的として実施する。語源は「Re（再び）Creation（創り出す）」。レクリエーションを通して文字通り、「再び元気をつくり出す、機能を取り戻す」という意味が込められている。

Part2の見方

レク名
レクの名前です。

立って行ってもOK
座って行うだけでなく、安全を守れる状況であれば立っても行えるレクです。

レクのデータ
参加者の人数やスタッフの人数、レクにかかる最低所要時間のほか、体や脳、心へ与えるプラスの効果をまとめています。

必要な道具・動作とPoint
レクに必要な道具、参加者に必要となる主な動作のほか、レクを進めるコツなどを「てつまるPoint」としてまとめています。

レクの手順
レクに必要な準備と、レクの進め方です。複数のバージョンがある場合、参加者の慣れに合わせて取り入れてみてください。

こんなときは
レクの進行上、起こりがちなケースについて対処法を記しています。

声かけのバリエーション
スタッフから参加者へ声かけをする場合の、定番フレーズのバリエーションです。

こんなアレンジも!
レクに慣れた場合の上級編や、マンネリ防止のために取り入れられるアレンジ方法を紹介しています。

スタッフのかけ声に合わせて、左右の手の形を変える

指先バラバラ遊び

立って
行っても
OK

左右の手で別の動きをすることで、脳へ刺激を与えることを目的としています。スタッフのかけ声に合わせて、参加者自身も声を出すことで、右手の動作、左手の動作、声出しという3つの動作を並行して行うことができます。「グーチョキパー」に慣れたら、難度の高い「数字」で行いましょう。

参加人数	スタッフ数	所要時間
1人以上	2人〜	5分〜

体への効果	発声運動、腕・肩の運動、手指の運動
脳・心への効果	集中力アップ、判断力アップ

準備

●スタッフと参加者が向かい合っていすに座る。

進め方

Step 1
グー、チョキ、パーのかけ声を言いながらポーズを変えていく。1回目のかけ声「グー」では右手を胸の高さでグーに、同時に左手を頭の高さでパーにする。

Step 2
続けて、2回目のかけ声「チョキ」で両手を肩の高さでチョキにする。3回目のかけ声「パー」で右手を頭の高さでパーに、同時に左手を胸の高さでグーにする。

Step 3
次は反対に、パー、チョキ、グーの順にポーズを変えていく。これを数分間くり返す。

? こんなときは

参加者がうまく指を動かせない

参加者には、まひなどがあって手がうまく動かせないケースもあります。その場合は、片手だけで行うように指導し、声をしっかり出すように伝えましょう。

グー　チョキ　パー

※イラストはスタッフです。スタッフは参加者の鏡になるよう左右反対の動きをしましょう。

**てつまる
Point**
数字バージョンで行う場合は、指を1本ずつ曲げて数えるのではなく、瞬間的に正しい数の指を立てるように指導しましょう。指を3本立てるときは「親指と小指をくっつける」指を2本立てるときは「親指と薬指と小指をくっつける」というように、「立てない指」を意識させるとうまくいきやすいでしょう。

数字バージョン

Step 1
「いち」のかけ声で右手を胸の高さに上げて、指を1本立て、
同時に左手を高く上げて5本の指すべてを立てる。

Step 2
「に」のかけ声で両手を胸の高さでそろえ、右手の指を2本立て、同時に左手の指を4本
立てる。
「さん」のかけ声で、右手を高く上げ、左手は胸の高さにして、両手の指を3本立てる。

Step 3
「よん」のかけ声で両手を胸の高さでそろえ、右手は4本の指、左手は2本の指を立てる。
「ご」のかけ声で右手は胸の高さのまま5本の指
すべてを立て、左手は高く上げて指を1本立てる。
その後も「いち」から順に数えつつ、指の本数と
腕の高さを変えながら数分間くり返す。

声かけのバリエーション

● 私の動きをまねしてください
● 間違っても、大丈夫です！
● 手を動かすだけでも、
　脳によい刺激がありますよ！

いち
ゆっくりでも
大丈夫ですよ！

はい！

こんなアレンジも！

慣れてきたら、かけ声でポーズ変更をする間に、
手をたたく動きをはさんでみましょう。

ランダムで言った動物の鳴き声を参加者がすばやく返す

鳴いて答えて

耳から聞き取った情報に対して、正しく回答するトレーニングになります。全員でいっせいに声を出すことで一体感が生まれるほか、大きな声を出すことで脳に刺激を与えられます。最初は練習として、ホワイトボードに書いた順番に鳴き声を示すなど、スムーズに参加できる工夫をするとよいでしょう。

参加人数	スタッフ数	所要時間
2人以上	2人〜	10分〜

体への効果 発声運動
脳・心への効果 集中力アップ、判断力アップ

準備

● スタッフはホワイトボードに5つほど、鳴き声を想定しやすい動物の名前を書いておく。
（参加者に動物の案をあげてもらってもOK）
● ホワイトボードの前にいすを並べて参加者が座る。

進め方

Step 1 スタッフはホワイトボードに書いた動物を1つ選んで名前を言う。参加者はいっせいに、その動物の鳴き声を返す。

いきますよ！ブタ！

イヌ ネコ カラス ブタ ネズミ

ブーブー

？ こんなときは

動物のバリエーションを増やしたい

下の例を参考に、飽きのこないようさまざまな動物で試してみてください。
● イヌ（ワンワン）
● ネコ（ニャーニャー）
● ネズミ（チューチュー）
● カラス（カーカー）
● ブタ（ブーブー）
● ウシ（モーモー）
● ヤギ（メーメー）
● フクロウ（ホーホー）
● サル（キーキー）
● ニワトリ（コケコッコー）

てつまる Point
参加者が慣れてきたら、スタッフが問題を出すテンポを徐々にはやくしてみるとよいでしょう。また、言葉を聞いても参加者が反応できない場合、スタッフが動物の名前を言いながら、ホワイトボードに書いた動物の名前をさし示すと、参加者は反応しやすくなります。

Step 2
再びまた、スタッフは別の動物の名前を言い、参加者が鳴き声を返す。これをくり返し、慣れてきたら次に、スタッフは動物の鳴き声を言い、参加者が動物の名前を返す。

Step 3
動物の名前を答えていくことにも慣れたら、スタッフは動物の名前と鳴き声をランダムで言う。参加者は動物の名前のときは鳴き声、鳴き声のときは名前を答えることに挑戦する。

こんなアレンジも！
ホワイトボードに書く動物の種類を増やすと、難易度が上がります。また、「ネコ○○さん」のように答える人を指定すると、ひとりひとりの参加意識が高まります。

50音を1文字ずつ使い、参加者が順番に言葉をつくる

50音で言葉遊び

ホワイトボードに書かれた文字を使って言葉をつくります。考えることや声を出して話すことにより、脳に刺激を与える効果が期待できます。ゲームが進むごとに、使用できる文字の数が減っていくため、後になるほど難しくなります。なかなか言葉がつながらない場合は、ヒントを出すとよいでしょう。

参加人数	スタッフ数	所要時間
3人以上	2人～	10分～

体への効果 発声運動
脳・心への効果 認知力アップ、コミュニケーション活性化

準備

- スタッフはホワイトボードに「あ～ん」までの50音表を書き出しておく。
- 50音が書かれたホワイトボードの前にいすを並べて参加者が座る。

進め方

Step 1 スタッフは参加者の1人を指名する。指名された参加者は、ホワイトボードに書かれている文字を使って1～5文字の言葉をつくる。このとき、言葉をつくるのに使った文字はホワイトボードから消す。

それでは○○さんから、何か思いついた言葉はありますか?

緑茶

❓ こんなときは

文字が足りず、参加者が言葉を思いつかない

言葉をつくりやすくなるように、次のようなルールを追加するとよいでしょう。

- 50音だけでなく、濁音・半濁音も使用してよい
- 1人2回まで「ん」を使ってもよい

てつまる Point

参加者がつくった言葉は、ホワイトボードの余白に書き込んでいくとよいでしょう。終了後にカメラやスマートフォンで撮影しておくと、次回同じ参加者で行うときに、参加者が思い浮かぶ言葉の傾向をつかめ、ヒントを出しやすくなりますよ。

Step 2

スタッフは続けて、別の参加者を指名する。指名された参加者は、ホワイトボードに残っている文字を使って1〜5文字の言葉をつくる。

「緑茶」いいですね
次は△△さん
いかがでしょうか

ええと
むらさき

Step 3

この手順をくり返し、全員でどれだけ文字を残さずに言葉をつくれるかチャレンジする。

□□さんはやい！
すごい
反射神経です！

メモ！

声かけのバリエーション

● 思いつくのはやいですね！
● この季節においしい、○ではじまる3文字の野菜はどうですか？

こんなアレンジも！

何チームかに分かれて対戦形式にしても、盛り上がります。「チームで順番に言葉をつくり、たくさん文字を使ったチームの勝ち」などとするとよいでしょう。

リズムにのって左右の手で鼻と耳をつまむ

つまんでたたいて入れ替えて

立って行ってもOK

テンポよく、両手で鼻と耳をつまみます。手指の細かい運動をしながら、リズム感と一瞬の判断力を高める目的で行います。腕を交差して行うパターンでは、右脳と左脳それぞれに刺激を与えられます。片まひがある参加者の場合は、動かせる範囲で行うように指導してください。

参加人数	スタッフ数	所要時間
1人以上	2人〜	5分〜

体への効果 手指の運動
脳・心への効果 集中力アップ、判断力アップ

準備

● 十分に距離をとっていすを並べる。スタッフのいすは、参加者全員が見える位置に置く。
● 参加者やスタッフは全員いすに座る。

進め方

Step 1 スタッフの「つまんで」の合図に合わせて、右手で右耳、左手で鼻をつまむ。次に「たたいて」の合図で胸の前で手をたたく。

Step 2 続けて、「入れ替えて」の合図に合わせて左手で左耳、右手で鼻をつまみ、最初とつまむ手を入れ替える。これをくり返す。

？ こんなときは

鼻や耳ではなくほほをつまんでしまう

最初はその都度、制止して、しっかりとつまめているか確認しながら、ゆっくりと行ってみましょう。

つまんで

たたいて（パン）

入れ替えて

※イラストはスタッフです。スタッフは参加者の鏡になるよう左右反対の動きをしましょう。

必要な道具	必要な動作
なし	●**手をたたく** ●**指を動かす**

てつまるPoint

参加者がいきなり行うのは難しいため、はじめは見本としてスタッフが一連の流れを見せるようにしましょう。うまくつかむことができない場合は、触るところから挑戦すると取り組みやすくなります。

Step 3

慣れてきたら、手をクロスさせて行うことに挑戦する。スタッフの「つまんで」の合図に合わせて、右手で左耳、左手で鼻をつまむ。次にStep1・2のように、次の合図で手をたたき、次に左右の手を入れ替える。これをくり返す。

つまんで

たたいて（パン）

入れ替えて

声かけのバリエーション

- 右手を右耳、左手を鼻ですよ。まずはいっしょに、このポーズをやってみましょう
- 腕を交差させますよ。手をぶつけないように気をつけてください

こんなアレンジも！

「たたいて」の合図のあとに手をたたく回数を増やしてみましょう。通常のバージョンよりも、リズム感が必要になって難しくなります。

たたいて（パンパン）

左右の手で、さする動作とたたく動作を同時に行う

トントン・スリスリ

左右の手で別々の動きをするレクです。スタッフの合図で左右の動きを切り替える必要があるため、参加者は集中力も磨かれます。必須ではありませんが、ホワイトボードに「トントン＝太ももをたたく」「スリスリ＝太ももをさする」と大きくルールを書くとわかりやすくなります。

参加人数	スタッフ数	所要時間
1人以上	2人〜	10分〜

体への効果 腕・肩の運動

脳・心への効果 集中力アップ、判断力アップ

準備

- 十分に距離をとっていすを並べる。スタッフのいすは、参加者全員が見える位置に置く。
- 参加者やスタッフは全員いすに座る。

進め方

Step 1 右手でこぶしをつくり、太ももを一定のリズムでたたく。左手は指を開いた状態で太ももをさする。これをスタッフのスタートの合図で同時に行う。

いきますよー！
いち！ に！

❓ こんなときは

両手をタイミングよく動かせない

まずは片手でそれぞれ「トントン」と「スリスリ」の動作を分けて行い、参加者に慣れてもらいましょう。

※イラストはスタッフです。スタッフは参加者の鏡になるよう左右反対の動きをしましょう。

必要な道具

なし

必要な動作

●手をたたく
●指を動かす

てつまる
Point

最初はゆっくりと、大きく動かすようにするとよいでしょう。「いち」「に」のかけ声に合わせて、1つずつ動作を確認しながら行うとよいでしょう。また、参加者がケガをしないように、力加減に気をつけて優しくたたくように指導しましょう。

Step
2
スタッフの「せーの」の合図で左右の動きを入れ替え、右手はこぶしで太ももをたたいて左手は太ももをさする。手は止めずに動かし続け、「せーの」の合図で再び左右を入れ替える。これをくり返す。

せーの！
入れ替えて！

いち！に！
いち！に！

声かけのバリエーション

●最初はゆっくりいきます
●今度は右手がスリスリで
左手がトントンですよ
●あせらなくても大丈夫です！

こんなアレンジも！

こぶしでさすって、手の平でたたくというように、手の動きを逆にしたバージョンでもやってみましょう。

リズムにのって手を交差させ、指を1から5まで立てる

クロスしながら数字増やし

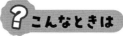

立って
行っても
OK

スタッフのかけ声に合わせて1から5まで指を立てていき、さらにかけ声のたびに腕を交差させることで、リズム感と指先の細かい動きを鍛えます。スタッフと参加者、全員でかけ声を合わせることで、一体感を得るという効果も期待できます。

参加人数	スタッフ数	所要時間
1人以上	2人〜	5分〜

体への効果	腕・肩の運動、手指の運動
脳・心への効果	集中力アップ、判断力アップ

準備

● 十分に距離をとっていすを並べる。スタッフのいすは、参加者全員が見える位置に置く。
● 参加者やスタッフは全員いすに座る。

進め方

Step 1
スタッフの「せーの」の合図で、「いち」と言いながら両手を顔の高さに上げ、指を1本立てる。続けて次の合図で、「に」と言いながら両手を胸の前でクロスさせて指を2本立てる。

Step 2
次の合図で、「さん」と言いながら両手の指を頭の高さで3本にし、「よん」と言いながら両手を胸の前でクロスさせて指を4本にする。

？ こんなときは

**クロスしながら指が
うまく動かせない**

まずは片手だけを使い、1から5まで指を動かして、慣れていくように指導しましょう。

せーの!
いち!

に!

さん!

※イラストはスタッフです。スタッフは参加者の鏡になるよう左右反対の動きをしましょう。

必要な道具

なし

必要な動作

● 両腕を動かす
● 指を動かす

てつまる Point

最初から指と腕を同時に動かすのは難しいという場合、まずは腕の動作（腕の交差と、動かすタイミング）から覚えましょう。腕の動きに慣れてから、指の動きを追加することで、一連の動きをスムーズに体に覚えさせることができます。

Step 3

また次の合図で、「ご」と言いながら両手の指を頭の高さで5本にする。

Step 4

5の次は、4321と数を減らしながらポーズを変えていき、1まで戻ると再び2345と数を足しながらポーズを変える。これをくり返す。

こんなアレンジも！

一連の動作に慣れてきたら、今度は手の平と甲の向きを変えて行ってみるとよいでしょう。
例：「いち」で手の甲を前に向けながら、人さし指を立てる。「に」で腕を交差しつつ、手の平を前に向けながら2本の指を立てるなど。

声かけのバリエーション

● まずタイミングを覚えましょう
● うまくできていましたね！
● 次は少しスピードアップしてみましょう！

よん！

ご！ 次は戻ってよんになりますよ

リズムに合わせて手拍子をしながら数字を数える

3の倍数でシーッ

手拍子とかけ声でリズム感を養いながら、3の倍数のタイミングでポーズを変えることで脳への刺激を与えるレクです。リズムをとることが重要なレクでもあるため、たとえ間違えたとしても、しっかりと音が出るように手をたたくよう指導しましょう。

参加人数	スタッフ数	所要時間
1人以上	2人〜	10分〜

体への効果 発声運動
脳・心への効果 集中力アップ、判断力アップ

準備

● 十分に距離をとっていすを並べる。スタッフのいすは、参加者全員が見える位置に置く。
● 参加者やスタッフは全員いすに座る。

進め方

Step 1
両手を胸の前に出して全員で手拍子をしながら、1から順に数を数えていく。3のときは、声を出さないで右手の人さし指を口に当てて「シーッ」のポーズをする。

いち！

に！

（シーッ）

？ こんなときは

**とっさに人さし指を
口に当てられない**

「シーッ」のポーズをとれない場合は、手拍子を3の倍数のときのみ止めるだけでもOKです。

※イラストはスタッフです。スタッフは参加者の鏡になるよう左右反対の動きをしましょう。

てつまる
Point

「シーッ」のタイミングではポーズを変えるだけでなく、口も口角を上げるように横に開くと表情筋が鍛えられます。全員で数字を数えるのもできる限り大きな声で元気に行うようにするとよいでしょう。

Step

2

手拍子を続けて、4と5を数える。6のとき、声を出さないで今度は左手の人さし指を口に当てて「シーッ」のポーズをする。

Step

3

このように、3の倍数のときは声を出さず、左右の手を変えながら「シーッ」のポーズをする。30数えるまでテンポよく続ける。

（シーッ）

（シーッ）

声かけのバリエーション

● おっと、引っかかっちゃいましたね！
● ここは「シーッ」です
● この数字は引っかかりやすいです

💡 **こんなアレンジも！**

慣れてきたら、手拍子と同じリズムで足踏みも加えてみましょう。3の倍数では、足踏みも止めます。足を動かすことで、足の運動にもつながります。足踏みでバランスを崩す人がいないか注意して行いましょう。また、数字を30から1まで逆に数えるパターンにも挑戦してみましょう。数を逆に数えるだけでも難しくなるので、より盛り上がります。

スタッフがバケツをたたいた回数に合わせポーズをとる

音で判断グーチョキパー

音を聞いてどのようなポーズをとるべきかを判断するため、集中力や判断力の向上につながります。また、記憶したポーズを思い出す必要があることから、脳の短期記憶を養う効果も期待できます。参加者同士がぶつかってケガをしないよう、十分に距離をとって安全に行いましょう。

参加人数	スタッフ数	所要時間
3人以上	2人〜	10分〜

体への効果	腕・肩の運動、手指の運動、足の運動
脳・心への効果	集中力アップ、判断力アップ

準備

● 十分に距離をとっていすを並べる。参加者全員が見える位置にバケツを底面を上にして置く。
● 参加者はいすに座り、スタッフは棒を持ってバケツのとなりに立つ。

進め方

Step 1
スタッフが棒でバケツの底をたたき、たたいた回数で参加者がポーズをとる。まずは、下のイラストのポーズを練習して覚える。

？ こんなときは

音に対してうまく反応できない

音だけではうまく反応できない人がいるときは、バケツをたたくのとは別のスタッフが、参加者と一緒に参加して、ポーズを見せながら行ってみましょう。

● 1回たたくと「グー」

手：ひざの上で「グー」にする
足：両足をそろえて閉じる

● 2回たたくと「チョキ」

手：胸の前で「チョキ」にする
足：片足を前に出し、もう片方の足をうしろに引く

● 3回たたくと「パー」

手：胸の前で「パー」にする
足：両足を横に開く

必要な道具

- ☑ バケツ　1つ
- ☑ 棒（新聞紙）　1つ

必要な動作

- ● 両腕を動かす
- ● 指を動かす
- ● 足を上げる

てつまる Point

いきなり行うのではなく2〜3回、ポーズをくり返し練習して
からはじめると、より理解が深まります。最初はゆっくり行い、
慣れてきたら、バケツをたたく間隔を徐々に短くして、はやい
テンポでやってみましょう。

Step 2 ルールがわかったら、スタッフがバケツを棒でたたく。参加者はたたかれた
回数に合わせてポーズをとる。これをくり返す。

声かけのバリエーション

- ● みなさん当ってますか？
- ● 次は1回、2回、3回の順番にたたきますよ
- ● 順番に「グー」「チョキ」「パー」です

3回たたくとー？

トン・トン・トン

パー！

パー！

テーマを決めて、その答えが全員一致するように考える

以心伝心で全員一致

グループの人と相談して、記憶の中から思い出した答えを出し合うことで、脳トレと同時にコミュニケーションの活性化が期待できます。「山の名前」「湖の名前」など、その場にいる参加者がぱっと答えを思いつきそうな定番のテーマで行うとよいでしょう。

参加人数	スタッフ数	所要時間
6人以上	2人〜	15分〜

体への効果 発声運動

脳・心への効果 認知力アップ、コミュニケーション活性化

準備

- 参加者は2人1組もしくは3人1組のグループに分けて、グループごとにいすを並べる。グループは3組以上になるようにする。
- スタッフはいくつかのお題を考えておく。
- スタッフはホワイトボードのとなりに立ち、参加者はいすに座る。

進め方

Step 1
スタッフは「山の名前」など、ホワイトボードにお題を書いて参加者に見せる。参加者はグループで相談し、1つの回答を決める。

テーマは「山の名前」です みんなで気持ちを1つにしましょう

山の名前

私も…
やっぱり
日本一の…
昔、登ったことが…
近所の山は…？

❓ こんなときは

なかなか答えが決まらない

スタッフが間に入って、ヒントを出してあげましょう。直接答えを教えるのではなく、ヒントを伝えることがポイントです。それでもテーマが広くて悩んでしまうときは、「日本の山の名前」「大きい山の名前」にするなど、テーマを絞るとよいでしょう。

てつまる Point

ホワイトボードにテーマを書くとき、大きな文字で書くのはもちろん、問題を読み上げて、参加者の意識をホワイトボードに向けましょう。相談が進まないチームには、積極的に声をかけてアイデアを出すようにうながしてください。

Step 2

スタッフの「せーの」の合図で全グループいっせいに答えを言う。全グループの回答がそろったら成功。お題を変えてくり返し楽しむ。

声かけのバリエーション

● シンキングタイムです

● おおー、すごい！　全チームそろいました

● それなら次は、もう少し難しいテーマでいきますよ

こんなアレンジも！

以心伝心とは反対に、お題に対してほかのチームとは別の答えになるように考える「逆以心伝心」もおすすめです。「以心伝心」「逆以心伝心」どちらのルールでも、余裕があればスタッフではなく、参加者にテーマを出してもらうとより盛り上がります。

1から5までの数字に対応したポーズをすばやく行う

数字を覚えてポーズ

数字に対応したポーズを記憶し、スタッフの
かけ声に合わせてポーズをとります。記憶力
や判断力をなどを鍛えられる脳トレ要素の強
いレクですが、ポーズをとるときは手足を大
きく伸ばすため、参加者は体を動かす心地よ
さも得られます。

参加人数	スタッフ数	所要時間
5人以上	2人〜	10分〜

体への効果 腕・肩の運動、手指の運動、
足の運動

脳・心への効果 判断力アップ、
コミュニケーション活性化

準備

● 十分に距離をとっていすを円になるよう並べる。
● 参加者やスタッフは全員いすに座る。

進め方

Step 1 ①から⑤までの下のイラストのポーズを練習して覚える。

①右手を横に上げる
いち！

②左手を横に上げる
に！

③右足を横に伸ばす
さん！

④左足を横に伸ばす
よん！

⑤両手を横に上げて両足を伸ばす
ご！

？こんなときは

数字に対して
うまく反応できない

スタッフも円に入って一
緒に行い、参加者にまね
をしてもらいましょう。

※イラストはスタッフです。スタッフは参加者の鏡になるよう左右反対の動きをしましょう。

必要な道具

なし

必要な動作

● 両腕を動かす
● 足を広げる

てつまるPoint

はじめはランダムで行わず、1から5までを順番にくり返しましょう。「1から5までくり返す→テンポをはやくする→数字をランダムに言う」といった流れで負荷を上げていくことが理想です。参加者がケガをしないよう十分な距離をとりましょう。

Step 2

スタッフがランダムで1から5までの数字を言い、参加者はできるだけはやくその言われた数字のポーズをとる。これをくり返す。

に！

こっちだね

そろった！

声かけのバリエーション

● できるだけ伸ばしましょう
● 次は3、2、1の順番でいきます
● 「右足」「左手」「右手」の順ですよ

こんなアレンジも！

手足を使うポーズだけではなく、顔を使うポーズにも挑戦してみましょう。耳を触る、鼻を触る、目を閉じるといったような顔を使うポーズをつくってみてください。

いち！

に！

言葉の真ん中の文字を先頭にして、しりとりを行う

中を前に! 中抜きしりとり

一般的なしりとりとは異なり、言葉の最後の文字ではなく、真ん中の文字を使ってしりとりを続けます。普通のしりとりのような感覚で、言い間違いをしてしまう参加者も少なくないでしょう。スタッフは「真ん中の文字、〇からはじまる言葉ですよ」と、言葉が変わるたびに声をかけるとよいでしょう。

参加人数	スタッフ数	所要時間
4人以上	2人〜	15分〜

体への効果 発声運動
脳・心への効果 認知力アップ、コミュニケーション活性化

準備

● ホワイトボードの前にいすを並べて参加者が座る。スタッフはホワイトボードのとなりに立つ。
● スタッフは、スタートの3文字の言葉を考えておく。

進め方

Step 1 スタッフは「あいす」など、ホワイトボードにスタートの3文字の言葉を書いて参加者に見せる。参加者は2文字目の文字からはじまる言葉を考えて答える。このとき、スタッフはホワイトボードに言葉を書いていく。

あいす
↓
いち

「いちご」ですね
次は「ち」から
はじまる言葉です

いちご

？ こんなときは

3文字ではものたりない

難易度アップとして文字数を増やしてもよいでしょう。例えば、4文字に限定して、2番目の文字を先頭に持ってくるルールにするなど、自由にアレンジしてみてください。

てつまる Point

3文字で行うことに慣れたら、文字数を増やしてみてください。5文字、7文字と文字が増えるほど頭を使うので、脳トレ効果が高まります。真ん中に「ん」がつく言葉を答えた人は1回休みにするなどゲーム性を強めてもおもしろいでしょう。

Step 2

参加者は、2文字目の文字からはじまる言葉を考えて答え、しりとりを続ける。答える順番を決めておくとよい。

次は〇〇さん、どうぞ

あいす
↓
いちご
↓
ちくわ
↓

くるま
↓
るびい
↓

声かけのバリエーション

● 真ん中に「ん」がつかないよう注意しましょう
● 「び」といえば暑い日にグビっと飲みたいアレが当てはまりますね

「び」だから、えーと…

💡 **こんなアレンジも！**

慣れてきたら、2文字目の文字が次の言葉の最後につくパターンでしりとりをしてみましょう。
例：「あいす」→「たらい」

あいす
↓
たらい
↓
まくら
↓

言葉の文字数が1文字ずつ増えていくしりとり

文字を増やす! しりとりリレー

しりとりを続けるごとに言葉の数を1文字ずつ増やしていく、チーム形式のしりとりです。文字数が多くなればなるほど、なかなか言葉が出てこなくなるため、最初はスタッフもヒントを出しながら、一緒に考るとよいでしょう。

参加人数	スタッフ数	所要時間
6人以上	2人～	15分～

体への効果 発声運動

脳・心への効果 認知力アップ、コミュニケーション活性化

準備

● 参加者6人分のいすを横一列に並べる。6人1組のグループが2組以上できる場合、ほかのグループは、最初のグループが見える位置にいすを並べて座る。

● スタッフはホワイトボードに最初の1文字を書いておく。

進め方

Step 1 最初のグループは、何文字の言葉を言うか2から7文字の分担を決めて数字の順番に席に座る。このとき、画用紙などに担当の数字を書いて参加者に持たせるとよい。

? こんなときは

なかなか言葉が出てこない

文字数が長くなれば、単語も出にくくなります。そこで、順番によって文字数を制限しながら行うルールにしてもよいでしょう。

例:2文字→2文字→3文字→3文字→4文字

みなさん、準備はいいですか
画用紙の数の文字数でしりとりをしてくださいね

必要な道具

- ☑ ホワイトボード　1台
- ☑ 画用紙　人数分
- ☑ マーカー黒　1本

必要な動作

- ●声を出す

てつまる
Point

このレクはとくに参加者の配置がポイントになります。言葉を思いつくことが得意な人をうしろに配置して、なるべく長い単語を答えてもらうようにするとよいでしょう。みんなで協力して言葉を考えることで、コミュニケーションの活性化にもつながります。

Step **2**
スタッフはホワイトボードに書いた最初の1文字を参加者に見せる。2文字を担当する参加者から順に、担当する文字数でしりとりをつなぐ。7文字の人のあとは2文字に戻り、再び1文字ずつ言葉の長さが増えるしりとりを楽しむ。2グループ以上ある場合は、交代で行う。

「なつ」かな　それなら「つばめ」　「めじるし」かしら　「しょうがつ」　えーっと、6文字？何かしらねえ　「つ」ではじまるなら大阪の…

例：なつ → つばめ → めじるし → しょうがつ → つうてんかく → くりすますいぶ

声かけのバリエーション

- ●みなさん思いつくのがはやいですね！
- ●7文字は難しいですよ〜

こんなアレンジも！

2組以上で行う場合は、競争をしながら行うのもおもしろいでしょう。どのグループがはやくしりとりを完成させられるか、競い合うと盛り上がります。

出題されたテーマに対して、多いと思うものを選ぶ

2択で多いもの選びゲーム

自分が当てはまるものではなく、多数派になりそうなものを予想して答えます。一般的な意見ではどうなるかを考えさせることで、脳の活性化をねらったレクです。最後まで残った参加者は、「スタッフと同じものを選べるか」で勝敗を決めます。参加者の好みを知るための、話題づくりにもなります。

参加人数	スタッフ数	所要時間
10人以上	2人〜	15分〜

体への効果 発声運動、腕・肩の運動
脳・心への効果 判断力アップ、コミュニケーション活性化

準備

- ●ホワイトボードの前にいすを並べて参加者が座る。スタッフはホワイトボードのとなりに立つ。
- ●スタッフは、お題を考えておく。

進め方

Step 1 スタッフは「好きな食べ物は？」など、ホワイトボードにお題を書いて参加者に見せる。選択肢を2つ決めて、スタッフはホワイトボードに書く。

最初のテーマは「好きな食べ物はどっち？」です
おすしはグー、すきやきはパーを上げてください

せーの！

好きな食べ物は
おすし（グー）
すきやき（パー）

❓ こんなときは

毎回ホワイトボードにお題を書くのが大変

あらかじめ大きめの画用紙などにお題と選択肢を書いておき、レク当日はホワイトボードに画用紙を貼るだけにすると手間を減らせます。

必要な道具

- ☑ ホワイトボード　1台
- ☑ マーカー黒　1本

必要な動作

- ● 声を出す
- ● 腕を伸ばす

てつまる Point

自分に当てはまるものではなく、多数派になりそうなものを選ぶのがこのレクのポイントです。一般的に多いのはどちらかを深く考えることで脳の活性化につながります。回答がそろっても、失敗しても盛り上がる楽しいレクです。

Step 2 選択肢を「グー」と「パー」に割り当て、スタッフの「せーの」の合図で参加者は手を上げて「グー」か「パー」で答える。

声かけのバリエーション

- ● どちらのほうが多いでしょう？
- ● 残念〜！ ここで脱落です

グーの人が多いですね
1回戦はグーのおすしを
選んだ人が勝ち残りです！

好きな食べ物は？
おすし（グー）
すきやき（パー）

ありゃー、
失敗した

Step 3 スタッフは「グー」と「パー」の数を数えて結果を発表する。多数派になった人は次のお題でも参加し、少数派の人は脱落する。これをくり返し、最後の2人になったらスタッフと3人でじゃんけんをする。スタッフと出すものがそろった人が勝ち。

こんなアレンジも！

参加人数が多い場合は、選択肢を3つにして、グーチョキパーで行うと、難易度が上がり、より心理戦を楽しめます。

指で背中に書かれた数字を当てる

指で書いて! 背中なぞり

2人1組になって相手の背中に数字を書き、書いた文字を答えてもらうレクリエーションです。コミュニケーションの活性化につながるほか、視力に不安がある参加者でも、触感を頼りに参加できるというメリットがあります。慣れてきたら、数字を計算式にすると難易度が上がります。

参加人数	スタッフ数	所要時間
2人以上	2人～	15分～

体への効果 手指の運動

脳・心への効果 集中力アップ、コミュニケーション活性化

準備

● 参加者を2人1組に分ける。
● 背もたれが低いいすを縦に2つ並べて、それが見える位置にほかの参加者のいすを並べて座る。

進め方

Step 1 最初のグループは縦に並べたいすに座り、うしろに座っている人が1から9までの数字を1つ、前の人の背中に指で書く。

(5 …)

? こんなときは

うまく背中をなぞれない

服のしわなどに指が引っかかってしまい、うまくなぞれないケースもあります。そのようなときは、キャップのついたマーカーなど、先端が丸くて安全ものを使って、なぞるとよいでしょう。ただし、強く押しつけないように注意してください。

てつまる Point

相手に直接ふれるレクリエーションのため、なるべく同性同士で組むようにしてください。なぞる側にはとにかく大きく、ゆっくりなぞるように指導しましょう。1回で伝わらない場合は何度かくり返しなぞってもよいでしょう。

Step 2　前にいる人は、背中に書かれた数字を当てる。これを前後入れ替えて何度かくり返す。慣れてきたら、計算式に挑戦する。うしろの人が「3＋5」などと書いて、前の人が計算式の答えとなる数字を言う。

今度はゆっくり書くわね

えー、何かしら…

もう1度、ゆっくりと書いてあげてください

声かけのバリエーション

● 1回でわかったら、すごいですよ
● 今度は書く人と書かれる人を入れ替えてやってみましょう
● 背中に意識を集中してみましょう

こんなアレンジも！

1から9までの数字のなかでいくつかとばしながら順になぞっていき、欠けている数字を当てるというパターンもおすすめです。
例：1、2、3、5、8、9となぞり、出ていない数字（4、6、7）を当てる。

円になり、相手の名前を呼んでボールを投げる

名前を呼んでボール投げ

立って
行っても
OK

コミュニケーション能力を活性化させるレクリエーションです。参加者が名前を呼びながらボールを投げるのが基本ですが、名前を呼ぶだけでなくアイコンタクトをとりながら行うように指導すると、うまくボールをパスできるようになるでしょう。ボールはバウンドさせてもOKです。

参加人数	スタッフ数	所要時間
5人以上	2人〜	15分〜

体への効果 発声運動、腕・肩の運動、手指の運動

脳・心への効果 集中力アップ、判断力アップ、コミュニケーション活性化

準備

● 十分に距離をとっていすを円になるよう並べて参加者が座る（手を横に伸ばしたとき、となりの人にふれない程度）。

進め方

Step 1 参加者の1人がボールを持ってスタートする。ボールを持っている人は、ボールを渡したい参加者の名前を呼んでボールを投げる。

Step 2 ボールを受け取った人は、別の参加者の名前を呼んでボールを投げる。少しずつテンポを上げながらこれをくり返す。

相手の名前を呼んでから投げてください

岡本さん
田中さん
平野さーん！
林さん
鈴木さん
平野さん

？ こんなときは

**相手の名前が
すぐに出てこない**

相手の名前が出てこないときは、ホワイトボードにあらかじめ書いておき、見ながら行うことをおすすめします。

田中さん	林さん
鈴木さん	平野さん
岡本さん	

必要な動作

● 声を出す
● 投げる
● キャッチする

てつまる
Point

参加者の緊張をほぐして、にぎやかに笑い合いたいときにおすすめ。名前を呼ぶ相手とボールを渡す相手を別にするバージョンでは、相手を間違えたり、ちゃんと名前を言えなかったりしても、笑いが起こる楽しいゲームです。

ちがう人の名前バージョン

Step 1　ボールを持っている人は、ボールを渡したい人とは別の人の名前を呼んでボールを投げる。

Step 2　ボールを受け取った人も同様に、ボールを渡したい人とは別の人の名前を呼んでボールを投げる。少しずつテンポを上げながらこれをくり返す。

別の人の名前を呼んでから投げてくださいねー

田中さん

林さん

いきますよ
鈴木
さーん！

岡本さん

鈴木さん

平野さん

声かけのバリエーション

● 少しテンポを上げましょう
● どうしても困ったときは
　私の名前を呼んでもOKですよ
● 私は〇〇ですー

こんなアレンジも！

名前を言えなかったり、違う人の名前を呼んでしまった人は抜けてもらい、最後の2人になるまでくり返すといった勝ち残りのゲーム形式で行うと、より盛り上がります。

色の違うカラーボールを持って、言われた色をすばやく上げる

色分けカラーボール上げ

参加者は自分が持つカラーボールの色を確認しながら、スタッフのかけ声に耳を傾けて、自分の色を呼ばれた瞬間に反応します。主に集中力と判断力が養われます。もしもカラーボールがない場合は、色分けができて落としてもケガをしないもので代用してもOKです。

参加人数	スタッフ数	所要時間
3人以上	2人〜	15分〜

体への効果 腕・肩の運動

脳・心への効果 集中力アップ、判断力アップ

準備

● 十分に距離をとっていすを円になるよう 並べて参加者が座る。
● スタッフはボールを参加者に配る。色はランダムでOK。

進め方

Step 1 参加者はボールをひざの上にのせて両手で持つ。スタッフは「緑」などと、ボールの色を1つ言う。

緑!

? こんなときは

なかなか上手に反応できない

耳で聞きとってすぐに反応ができない場合は、同じボールの人のまねをするように指導してみてください。たとえすばやく反応できなくても、ボールを上げるだけで腕と肩の運動になります。

必要な道具

☑ カラーボール（3色以上）　参加者の人数分

必要な動作

● 腕を伸ばす

タイミングを見て、参加者が持つボールの色を変えてみましょう。慣れてきたときに色を交換すると、またリセットされて新鮮な気持ちでゲームにのぞめます。スタッフはフェイントとして、カラーボールにない色を言ってもよいでしょう。

Step 2　スタッフが言った色のボールを持つ参加者は、挙手するように両手で持ったまま頭の上にボールをかかげてひざの上に戻す。スタッフが別の色や続けて同じ色を言うなどしてくり返す。

はいっ！

声かけのバリエーション

● 何色を言うかよく聞きましょう
● まわりの人を見ながらでもOKですよ！
● なかなかはやいですね！

こんなアレンジも！

慣れてきたら、指定された色の右どなりの人がボールを上げるルールにしてもよいでしょう。自分の持つボールの色だけでなく、ほかの人が持っているボールの色も気にしなくてはいけないので、かなり難易度が上がりますよ。

緑！

となりだから…私！

65

円になって道具を持ち、呼ばれたら上にかかげる

呼ばれたら上げて! 瞬発ゲーム

立って
行っても
OK

ボールや輪っか、新聞紙を丸めた棒など、レクリエーションの現場でよく使用する道具を使い、集中力や判断力を鍛えます。同じ道具を持っている人同士で、仲間同士の連帯感が生まれるため、コミュニケーションの活性化にもつながります。

参加人数	スタッフ数	所要時間
3人以上	2人〜	15分〜

体への効果 腕・肩の運動
脳・心への効果 集中力アップ、判断力アップ

準備

● 十分に距離をとっていすを円になるよう並べて参加者が座る。
● スタッフはボール・棒・輪っかのアイテムをランダムで1人1つ参加者に配る。
　アイテムは6人以上であれば2つずつになるよう数を調整する。

進め方

Step 1 参加者はアイテムをひざの上にのせて両手で持つ。スタッフは「輪っか」などと、アイテムを1つ言う。

それではいきますよー
……輪っか!

❓ こんなときは

**腕をはやく上げるのが
難しい人がいる**

腕をはやく上げられない人や腕や肩の動きがよくない人がいる場合は、動きやすい側の腕を使ってもらう、痛みのない範囲で上げてもらうなど、無理のないよう参加してもらいましょう。

必要な道具

☑ **新聞紙を丸めた棒**　☑ **ゴムボール**　☑ **輪っか**
参加者の人数分（それぞれ均等になるように）

必要な動作

● **腕を伸ばす**

**てつまる
Point**

同じ道具を持っている人同士で、アイコンタクトをとるとよい
でしょう。アイコンタクトをとりながら反応すると、呼吸が合っ
て一体感が生まれます。また、道具を上げるときに返事をする
ように指導すると、メリハリがつきます。

**Step
2**
スタッフが言ったアイテムを持つ参加者は、挙手するように両手で
持ったまま頭の上にかかげてひざの上に戻す。スタッフが別のアイ
テムや続けて同じアイテムを言うなどしてくり返す。

輪っか！
はいっ！

あぶない、
つられそうに
なっちゃった

声かけのバリエーション

● みなさん、上げましたか？
● 今回は輪っかです
● 手持ちのものを見てみてください

こんなアレンジも！

だんだんと慣れてきたら、道具をシャッ
フルして、再度行うとよいでしょう。違
う道具で新鮮に楽しんでもらえます。

手と足それぞれを使ったじゃんけんを交互に行う

全身で勝ち残りじゃんけん

誰もがルールを知っているじゃんけんですが、手のじゃんけんと足じゃんけんを交互に行うことで、「次は手だったか、足だったか」と脳がフル回転します。また、参加者同士で直接じゃんけんを行うわけではないので、参加人数が偶数でなくてもスムーズに行える点もポイントです。

参加人数	スタッフ数	所要時間
10人以上	2人〜	10分〜

体への効果	腕・肩の運動、手指の運動、足の運動
脳・心への効果	コミュニケーション活性化

準備

●十分に距離をとり、いすを並べて参加者が座る。

進め方

Step 1 スタッフ対参加者のじゃんけんをくり返す。スタッフは頭の高さに手を上げて出し、参加者は、手→足→手足の順に全身を使ってじゃんけんをする。まずは、足の動きを練習して覚える。

● 「グー」

両足をそろえて閉じる。

● 「チョキ」

片足を前に出し、もう片方の足をうしろに引く。

● 「パー」

両足を横に開く。

❓ こんなときは

参加者の数が少ない

参加者が少人数の場合は、はやく終わりがちです。その場合は、あいこでも残ってOKとしましょう。

必要な道具	必要な動作
なし	● **指を動かす** ● **両足を動かす**

てつまる Point

じゃんけんに勝ち進むと、手を上げる時間が増えて、長く負担がかかります。勝ち負けを確認するために「軍手をつけて行い、負けたら外す」「ハンカチをいすにかけて行い、負けたらとる」などの方法をとってもよいでしょう。

Step 2　スタッフは参加者全員が見える位置に立ち、「じゃんけんぽん」の合図でじゃんけんをする。参加者も手を上げてじゃんけんをし、スタッフに勝った参加者は手を上げたまま、負けたら手を下げる。

じゃんけんぽん！

おっ、勝った！

声かけのバリエーション

● 負けてしまったら、手を下げましょう
● 手、足、手足の順番ですよー
● 次は足で、じゃんけんぽん！

Step 3　勝った参加者は遊びを続ける。次は、「じゃんけんぽん」の合図で足でじゃんけんする。勝ち残った参加者は、次に手足両方の動きでじゃんけんをする。最後の1人になるまで、これをくり返す。

両手両足で…じゃんけんぽん！

ぽん！

つくえの上でお手玉をすべらせる

つくえでお手玉ホッケー

長づくえをエアホッケー台のように使い、向かい合ってお手玉をすべらせます。相手に向けてお手玉をすべらせる腕の動きと、お手玉をつかむ指の動き、そしてすべってくるお手玉を目で追う反射神経を鍛えます。キャッチボールに慣れたら、動ける範囲が近い人同士で対戦形式で行うとよいでしょう。

参加人数	スタッフ数	所要時間
2人以上	2人～	10分～

体への効果 腕・肩の運動

脳・心への効果 集中力アップ、判断力アップ、コミュニケーション活性化

準備

● 長つくえの両端に、向かい合うようにいすを置く。スタッフは、全体の様子が見えるように真ん中に立つ。

進め方

Step 1 参加者は2人1組になり、いすに座る。1人がお手玉をもち、つくえの上をすべらせるようにして相手に渡す。

Step 2 お手玉を受け取ったら、同じようにつくえの上をすべらせて相手に戻す。つくえから落とさないように気をつけながら、キャッチボールを続ける。

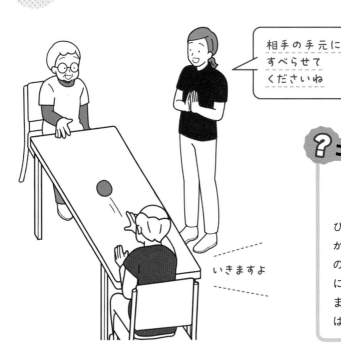

相手の手元にすべらせてくださいね

いきますよ

？ こんなときは

お手玉が相手まで届かない

ひじの力だけでは届かないことがあります。その場合は、ひじの曲げ伸ばしに加えて、体を前に倒してすべらせるよう指導しましょう。片手では難しい場合は、両手を使ってもOKです。

必要な道具

- ☑長づくえ　1台
- ☑お手玉　1個

必要な動作

- ●投げる
- ●キャッチする

てつまるPoint

２人１組で行う場合、目標回数を決めると、参加者のやる気がアップ。スタッフは回数を数えながら「ラストがんばれ！」など声かけをすると盛り上がります。４人組では落ちたお手玉をスタッフがひろうなど、参加者の負担を減らしましょう。

対戦バージョン

Step 1 長つくえを２台つなげて、２人１組の２ペアが向かい合うように座る。スタッフはお手玉を１つ渡し、ゲームをはじめる。

Step 2 エアホッケーのように、相手側のつくえの端をねらってお手玉をすべらせる。落とさずキャッチできたら、同じように相手側のつくえの端をねらってお手玉をすべらせる。相手側に落とすことができたペアの勝ち。参加者が座っていないところに落ちた場合はやり直す。

おっと、ゴールしそうなコースです！
まかせました！
キャッチするね！

声かけのバリエーション

（相手まで届かない場合）
- ●横に落ちてもよいので、思い切りすべらせて大丈夫ですよ！

こんなアレンジも！

エアホッケー同様に片手だけで行い、得点式のルールにしてもよいでしょう。

パーテーションを越えてお手玉を相手に投げ渡す

壁を越えて！お手玉キャッチボール

長づくえをパーテーションで区切り、それ越えるようにお手玉を投げて相手に届けます。投げる動作は腕や肩、手首の力を総合的に使うため、上肢のトレーニングに効果的です。安全のため、お手玉は下投げで投げるようにしましょう。

参加人数	スタッフ数	所要時間
2人以上	2人〜	15分〜

体への効果 腕・肩の運動

脳・心への効果 集中力アップ、判断力アップ、コミュニケーション活性化

準備

● 長つくえの両端に、向かい合うようにいすを置く。
● 長つくえの真ん中にパーテーションを立てておく。

進め方

Step 1
参加者は2人1組になり、いすに座る。1人がお手玉を持ち、パーテーションに当たらないように投げて相手に渡す。

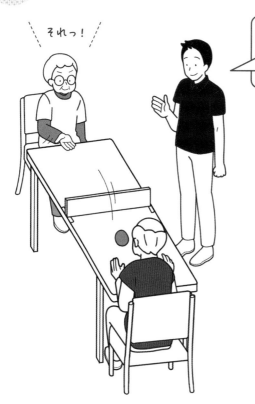

それっ！

いいですね！パーテーションを越えました！

？ こんなときは

投げたお手玉がパーテーションに当たってしまう

パーテーションを低くしたり、パーテーションではなくヒモを使って区切っても楽しめます。逆に強く投げすぎて、お手玉が遠くまでとんで行ってしまう場合は、つくえに印をつけて目標地点を示してあげるとよいでしょう。

必要な道具

- ☑ **長づくえ　1台**
- ☑ **お手玉　1個**
- ☑ **パーテーション　1枚**

必要な動作

- ● **投げる**
- ● **キャッチする**

てつまる Point

パーテーションを越えることが目標です。必ずしも、相手の手元まで飛ばす必要はないことを伝えましょう。また、参加者が取りにくい位置に落ちたお手玉は都度、スタッフが参加者に手渡しするようにしましょう。

Step 2 お手玉を受け取ったら、同じように投げて相手に戻す。パーテーションに当たらないように、また、きちんと相手に届くように気をつけながら、キャッチボールを続ける。

じょうず！

目標を越えましたね
とてもよい調子ですよ！

よいしょっ！

声かけのバリエーション

- ● 直接ではなく、つくえに落ちた玉をひろってもOKですよ
- ● この位置を目標に投げてみましょう

こんなアレンジも！

お手玉ではなく、ゴムボールでもやってみましょう。お手玉とゴムボールでは、大きさはもちろん感触も違うので、ボールの動きや手にかかる負荷も変わります。

水平にしたホワイトボードにお手玉を投げてのせる

ホワイトボード玉投げ

立って
行っても
OK

ホワイトボードをテーブルのように水平にして、その上にお手玉を投げます。ホワイトボードが傾いて、お手玉が落ちてしまったら負けというスリリングなゲームです。大勢の参加者で楽しく盛り上がりながら、上肢のトレーニングができます。お手玉は安全のため下投げで投げるよう指導しましょう。

参加人数	スタッフ数	所要時間
6人以上	2人〜	15分〜

体への効果	腕・肩の運動、手指の運動
脳・心への効果	集中力アップ、コミュニケーション活性化

準備

● 回転式のホワイトボードを水平にしてテーブル状にする。留め具はわずかに締める程度にして動くようにしておく。

● スタッフは、参加者に1人5個ずつお手玉を配る。

進め方

Step 1
参加者はホワイトボードの周囲に、十分に距離をとって立つ。参加者は順番にホワイトボードの板面に向けてお手玉を投げる。

順番に投げましょう

えいっ！

? こんなときは

立っていることが難しい人がいる

座って行っても楽しめます。しかし、立っているよりもお手玉が投げにくくなるので、ホワイトボードとの距離を近くにしてやってみてください。

必要な道具

☑ **ホワイトボード　1台**
☑ **お手玉　1人5個ずつ**

必要な動作

● **投げる**

てつまる Point

バランスを見極めることが大切なゲームです。お手玉をのせる位置を考えて投げるのがコツ。ホワイトボードが少し傾いたら、どこに投げれば水平に戻るのか、ねらいを定めるようにアドバイスします。

Step 2　板面が傾いてお手玉が落ちてしまったらアウト。ホワイトボードの板面に触れないよう距離をとって、お手玉を順番に投げていく。

手前側に傾きそうだ

奥をねらおうかしら

下投げでよくねらって！

声かけのバリエーション

● バランスに気をつけて！
● 今回の記録は〇個ですね！
● 次はこれ以上の記録をめざして、またチャレンジしましょう！

こんなアレンジも！

1人ずつ投げるのに慣れてきたら、「せーの」の合図でみんないっせいに投げるパターンもおすすめです。運動会の玉入れのように、決めた時間内に何個お手玉がのるか数えてみても盛り上がります。

動く箱をねらってお手玉をタイミングよく投げ入れる

箱引き玉投げ

立って
行っても
OK

スタッフが引く箱の中に、左右から参加者が
お手玉を投げ入れます。上肢の筋力とお手玉
をコントロールする運動能力、そして判断力
が鍛えられます。参加者のモチベーションを
高めるために、箱にすべての玉が入るまでの
時間を記録して、タイムアタックに挑戦する
とよいでしょう。

参加人数	スタッフ数	所要時間
6人以上	2人～	15分～

体への効果 腕・肩の運動

脳・心への効果 集中力アップ、
コミュニケーション活性化

準備

● 箱に穴をあけて、ひもを通す。
● 距離をとっていすを横並びに並べて、向かい合うように反対側にもいすを並べて
　参加者が座る。真ん中は通路としてあけておく。
● スタッフは、参加者に1人2個ずつお手玉を配る。

進め方

Step 1 スタッフは、箱を引きながら参加者の列の間を通り、参加者は
箱に向かってお手玉を投げる。

そろそろくるぞ…

ゆっくりめで通りますよ
よーくねらってください!

❓ こんなときは

なかなかお手玉が入らない

お手玉を投げてもうまく入らな
い場合は、箱との距離をせまく
してみましょう。最初は箱から
近い位置で行い、投げるタイミ
ングをつかめるよう指導しま
しょう。

必要な道具

- ☑ 箱　みかん箱くらいの大きさ
  （400×300×250㎜程度）　1つ
- ☑ ひも　1.5mほど　☑ お手玉　1人2個ずつ

必要な動作

- ●**投げる**

てつまる Point

参加者が前かがみになり過ぎないように注意しましょう。夢中になって前傾姿勢から転倒してしまうリスクがあります。参加者と箱の位置を近づけたり、いすに深く座るようにしたりして、いすから落ちないように気をつけてください。

Step 2

スタッフは端まで箱を引いたら、折り返して往復する。参加者がタイミングよくお手玉を投げ、全員のお手玉が入るまで続ける。

みなさん、
うまいですね

声かけのバリエーション

- ●うまくタイミングを合わせましょう
- ●あー、惜しい！
- ●今回入らなくても心配しないで！
  まだ何度もチャンスはありますよ

こんなアレンジも！

スタッフが箱を引くスピードをはやくすると、難易度が上がります。最初はゆっくり歩きながら箱を引き、慣れてきたらはや歩きにするなど、徐々にレベルアップをしてみてください。

箱を持ってとんでくるお手玉をキャッチする

箱でお手玉キャッチ

立って
行っても
OK

参加者の1人が箱を持ってキャッチする役になり、ほかの参加者はお手玉を箱に向かって投げ入れます。キャッチする係は交代で決めましょう。なお、お手玉は下投げで投げるよう指導しましょう。少しずつ距離をはなして行うと、肩の運動にもなり、キャッチする人も集中して取り組んでくれます。

参加人数	スタッフ数	所要時間
5人以上	2人〜	15分〜

体への効果 腕・肩の運動

脳・心への効果 集中力アップ、コミュニケーション活性化

準備

- 十分に距離をとっていすを円になるよう並べて参加者が座る。
- スタッフは1人に箱、ほかの参加者にはお手玉を配る。

進め方

Step 1 参加者はお手玉を投げる順番を決め、1人ずつ箱に向かって投げる。箱を持っている参加者は、お手玉が落ちないようにキャッチする。

投げる方も受け止める方も
倒れないように
いすにしっかりおしりを
つけてくださいね

えいっ！

？ こんなときは

箱を持ち続けるのがつらい

ゲームが進んでいくと、箱の中のお手玉が増えるため、キャッチする人の負担が大きくなります。スタッフは箱に入ったお手玉を、こまめに取り出すようにしましょう。

必要な道具

☑ 箱　みかん箱くらいの大きさ
　（400×300×250㎜程度）　1つ
☑ お手玉　1人2個ずつ

必要な動作

● 投げる
● 両腕を動かす

てつまる Point

箱でお手玉をキャッチするため、手で受け取るのに比べると、簡単に行えます。もしテニスボールがあるなら、直接箱をねらわずに、床にワンバウンドさせて入れてみるパターンも試してみてください。

Step 2 全員お手玉が箱に入るまで続ける。

なかなか
難しいわねぇ

声かけのバリエーション

● 落ちた玉はそのままで大丈夫ですよ
● よくねらって投げましょう
● ナイスコントロール！

こんなアレンジも！

箱はスタッフが持ってもよいでしょう。スタッフが円の中に座って箱を持ちます。「せーの」の合図でみんないっせいに投げるのも盛り上がります。箱を傾けたりして、参加者がお手玉を入れやすいよう工夫しましょう。

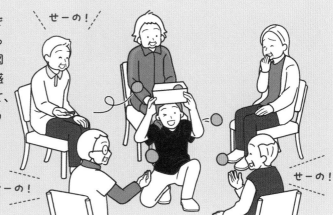

せーの！

せーの！

せーの！

箱を持ったスタッフが目の前に来たらお手玉を投げる

ねらって投げて

立って
行っても
OK

P.76の箱引き玉投げよりも狙う箱の位置が高いため、肩への負荷が少し大きいレクリエーションです。上肢の筋肉を鍛え、肩の可動域をアップさせることにつながります。参加者が少し難しい様子であれば、スタッフがお手玉をキャッチしに行ってもよいでしょう。

参加人数	スタッフ数	所要時間
6人以上	2人〜	15分〜

体への効果 腕・肩の運動
脳・心への効果 集中力アップ、コミュニケーション活性化

準備

● 距離をとっていすを横並びに並べて、参加者が座る。
● スタッフは、参加者に1人2個ずつお手玉を配る。

進め方

Step 1 スタッフは、箱を持って参加者の列の前を通り、参加者は箱に向かってお手玉を投げる。

次は私の番ね

よーくねらってください
うまいですよ!

？ こんなときは

なかなかお手玉が箱に入らない

タイミングよく箱に入らないときは、スタッフができるだけ参加者に近い位置で箱を構えてください。できるだけ一定のスピードで参加者に箱をしっかり向けながら歩きましょう。

必要な道具

☑ 箱　みかん箱くらいの大きさ
　（400×300×250㎜程度）　1つ
☑ お手玉　1人2個ずつ

必要な動作

● 投げる

てつまる Point

このレクのポイントは、スタッフが目の前に来る前に投げることです。箱が目の前に来たときに投げても、遅すぎて入りません。タイミングをうまく読みましょう。少しはやめに投げた方が入りやすいことを伝えるとよいでしょう。

Step 2
スタッフは端まで行ったら、折り返して往復する。参加者がタイミングよくお手玉を投げ、全員のお手玉が入るまで続ける。

次も入るかな？

2連続で成功したらかなりすごいですよ！

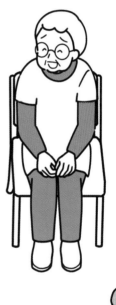

声かけのバリエーション

● 3周目は私も受け止めにいきます
● 思いっきり投げてくださいね！
● あせらず投げましょう

こんなアレンジも！

スタッフが少し離れた位置に立ち、参加者は下投げで箱に入るかチャレンジ！参加者とスタッフがお互いにタイミングを合わせることが重要になります。

2人1組でタオルを持ち、お手玉をキャッチする

タオルでキャッチ&リリース

立って
行っても
OK

2人で1枚のタオルの端を持ち、スタッフが投げたお手玉をタオルで受け止めます。タオルをしっかり握る必要があるため、握力向上が期待できます。また、参加者同士で息を合わせることが重要になるので、コミュニケーションを活発にする効果もあります。

参加人数	スタッフ数	所要時間
2人以上	2人〜	15分〜

体への効果 腕・肩の運動

脳・心への効果 集中力アップ、
コミュニケーション活性化

準備

● 参加者を2人1組のペアに分ける。

● 向かい合うようにいすを並べて参加者が座る。

進め方

Step 1 参加者はタオルの端をそれぞれ持って広げる。スタッフが少し距離をとったところからタオルに向かってお手玉を投げ、参加者はタオルでキャッチする。

せーのっ!

タオルを少しゆるめて…
いきますー!

? こんなときは

うまくお手玉を取れない、または返せない

お手玉が小さく感じてしまい、反応できずにキャッチできない人もいます。そのような場合はゴムボールなど、お手玉よりも大きいものを使って試してみてください。

82

必要な道具

☑ **お手玉　1個以上**
☑ **フェイスタオル　2人で1枚**

必要な動作

● **両腕を動かす**
● **指を動かす**

てつまる Point

声をかけ合いながら、呼吸を合わせるように指導しましょう。お手玉を返すときは「いち、にの、さん！」のかけ声で、タオルを引っ張りつつ、上に押し上げるように振るとよくとびます。タオルはバスタオルでもOKですよ。

Step 2 参加者はお手玉をタオルにのせたまま、タオルを操ってお手玉をスタッフに投げ返す。このキャッチボールをくり返す。

それっ！

コントロールがじょうず！まっすぐ戻ってきましたね！

声かけのバリエーション

● 息ピッタリですね！
● 次は少し距離をはなしますよ！
● タオルをもっと引っ張りましょう

こんなアレンジも！

動きに慣れてきて、お手玉が1個だとものたりなさを感じる場合には、お手玉の数を増やしてもよいでしょう。2〜3個まとめて投げると、難易度がアップします。

ストップウォッチを決められた時間内で止める

ぴったりチャレンジ

ストップウォッチの画面を見ないで、スタッフが決めた目標時間ぴったりで止められるようにチャレンジします。必要な動作はストップウォッチを止めるだけなので、目が不自由であったり、体を大きく動かすのが難しかったりする人でも参加できます。

参加人数	スタッフ数	所要時間
4人以上	2人〜	10分〜

体への効果 手指の運動

脳・心への効果 集中力アップ、判断力アップ

準備

● 参加者は2人1組もしくは3人1組のグループに分けて、グループごとにいすを並べる。

● スタッフは参加者全員にストップウォッチを配る。グループごとに行う場合は順番に使用してもよい。

進め方

Step 1
スタッフは「5秒」などと秒数の目標を設定して参加者に伝える。
参加者は、はじまりの合図でストップウォッチをスタートさせる。

今回の目標は5秒です
よーい…はじめ!

? こんなときは

なかなか数字が合わない

もしタイミングがなかなか合わないという場合、はじめはストップウォッチを見ながら行うようにしましょう。数字を見て秒数が合うようになってから、本番を行うことをおすすめします。

必要な道具

☑ **ストップウォッチ　人数分**

必要な動作

● **指を動かす**

てつまる
Point

目標の数字が大きくなればなるほど、誤差が生じやすくなります。まずは5秒程度からスタートして、慣れてきたら10秒にするなど、少しずつ数字を増やしながら行ってみるとよいでしょう。シンプルなゲームですが、意外と難しく集中力が必要です。

Step 2 参加者はストップウォッチの画面を見ないで秒数をカウントし、目標の秒数をねらってストップウォッチを止める。

4秒35
ですね

体内時計が
すごいですね！

さあ、タイムは
何秒でしたか？

声かけのバリエーション

● すごい！ ぴったりですね
● みなさん目を閉じたらスタートしますよ

Step 3 グループ内で、目標に近いタイム順に順位をつける。次は「8秒」などと先ほどの秒数より長い時間に目標を変えて、ストップウォッチは0に戻さず、そのままグループで1番だった人同士で行う。このように勝ち残り方式にして目標のタイムに最も近かった人が勝ち。

こんなアレンジも！

参加できる人数が少ない場合は、個人戦で行ってもOKです。「誤差が0.5秒以内であれば100点、1秒以内は80点、2秒以内では60点」というように、点数制にして合計点で競い合ってもよいでしょう。

列をつくり2人1組でボールを回していく

傾けて渡して

立って
行っても
OK

2人で1枚のタオルを持ち、タオルの上にのせたゴムボールを弾ませて、うしろのペアに回していきます。タオルを握ることで握力向上が期待できるほか、連帯感が重要なためコミュニケーションも活発になります。ボールの動きをよく見る必要があるため、集中力も高まります。

参加人数	スタッフ数	所要時間
6人以上	2人〜	15分〜

体への効果 腕・肩の運動

脳・心への効果 集中力アップ、
コミュニケーション活性化

準備

● 距離をとり、いすを横並びに並べる。向かい合うように反対側にもいすを並べる。
● 参加者は2人1組になって向かい合ういすに座り、スタッフが1組に1枚ずつタオルを配る。

進め方

Step 1 参加者はタオルの端をそれぞれ持って広げる。列の先頭にいるペアのタオルの上にスタッフがボールを置く。

かけ声は
「いち、にの、さん」
でいいですか

準備はよいですか？

それで
いきましょう

❓ こんなときは

ボールがうまくとばない

ペア間の距離が遠い場合、ボールがねらったところにとばないことがあります。そのようなときはタオルをできるだけたゆませてから、かけ声と同時に引っ張ると、遠くにとばすことができます。

必要な道具

- ☑ ゴムボール　1つ以上
- ☑ フェイスタオル　2人で1枚

必要な動作

- ● 両腕を動かす
- ● 指を動かす

てつまる
Point

あせらずに、ペアの人とタイミングを合わせることが大切です。声をかけ合ってコミュニケーションをとるように指導しましょう。ボールが落ちてしまった場合は、スタッフがすぐに取りにいきましょう。

Step
2 参加者はボールをタオルにのせたまま、タオルを操ってボールをとなりのペアのタオルに渡す。最後のペアまで回したら折り返し、先頭のペアまで戻す。

いち、にの、さん！

すごい！
タイミングぴったり
ですね！

声かけのバリエーション

- ● ゆっくりで大丈夫ですよ！
- ● 慎重にタイミングを合わせましょう
- ● どんどん回していきましょう

こんなアレンジも！

スムーズにボールを回せるようになってきたら、列の間を少し離すと、難易度がアップします。また、参加者の人数が多い場合は、列をいくつかつくって、どの列が一番はやくボールを回せたか競っても楽しめます。

ボールに洗濯ばさみをつけて回していく

つまんではさんで

空気の入っていないゴムボールに、洗濯ばさみをつけてとなりの人に回していきます。指先の細かい動きのトレーニングができるレクリエーションです。使う指は2本に限定して行いましょう。親指と人さし指、親指と中指といったように、2本ではさむように意識するとより指先の運動にもなります。

参加人数	スタッフ数	所要時間
6人以上	2人〜	15分〜

体への効果	手指の運動
脳・心への効果	集中力アップ、コミュニケーション活性化

準備

- 参加者は5人1組のグループに分かれ、グループごとに円になるようにいすを並べて座る。
- スタッフは、参加者全員に洗濯ばさみを1人5個ずつ配る。
- スタッフは、ゴムボールの空気を抜いておく。

空気を抜いたゴムボール

進め方

Step 1　参加者の1人がゴムボールを持ってスタート。ゴムボールに洗濯ばさみを1個はさんで、となりの人へ回す。次の人も同様に洗濯ばさみをはさんでボールを回していく。

もうハラハラ
してきたよ

落ちないように
はさんで…と

? こんなときは

洗濯ばさみをうまく使えない

小さい洗濯ばさみを使用する場合、うまく力が入らないこともあります。ゴムボールをうまくはさめないときは大きめの洗濯ばさみを使用するとよいでしょう。

必要な道具

☑ ゴムボール　各グループ1つ
☑ 洗濯ばさみ　1人5個

必要な動作

● 指を動かす

てつまる Point

洗濯ばさみのバネが強いと、うまく使えなかったり、指をはさんでケガをしたりするおそれがあります。スタッフは必ず、事前にバネの強さを確認するようにしてください。洗濯ばさみが1人5個では多い場合、3個ずつなどにしてもOKです。

Step 2　1個ずつはさみながらボールを回し、全員が洗濯ばさみをゴムボールにはさみ終えたらおわり。はやく終えたグループの勝ち。

もうそろそろ
はさみにくくなって
きましたね

あせると
はさむときに指が
ふるえちゃいますね

もうちょっと深く
はさんだほうが
いいわね

声かけのバリエーション

● 洗濯ばさみを落としときはそのままで大丈夫ですよ
● 指をはさまないように気をつけてくださいね

こんなアレンジも！

すべてはさみ終えたら、今度は同じ要領で外していきましょう。何度も同じ動作をくり返すことで、指先の強化につながります。

棒の先端に紙コップをさして、落とさないように回す

ぐるぐる紙コップ回し

新聞紙を丸めた棒の先に紙コップをさし、棒を使ってとなりの人に回していくレクリエーションです。腕の筋力を高め、肩の可動域を広げる効果が期待できます。落とさずに何週できるか挑戦したり、複数の紙コップを使ってレクリエーションのテンポを変えたりと、さまざまな盛り上げ方ができます。

参加人数	スタッフ数	所要時間
4人以上	2人〜	15分〜

体への効果 腕・肩の運動

脳・心への効果 集中力アップ、コミュニケーション活性化

準備

● 円になるようにいすを並べて参加者が座る。
● スタッフは、参加者全員に新聞紙を丸めた棒を配る。

進め方

Step 1
スタッフが1人の参加者の棒の先に紙コップをかぶせてスタート。参加者は手を使わず、棒を使ってとなりの人の棒へ紙コップをかぶせる。

あわてないでー

いきますよー

❓ こんなときは

紙コップにうまく棒がさせない

最初は紙コップを手でとって、自分でさす方法でもOKとしましょう。「手でとる→自分の棒にさす」をくり返し、細かく棒を動かすことに慣れるとよいでしょう。

必要な道具

- ☑ 紙コップ　1個以上
- ☑ 新聞紙を丸めた棒　人数分

必要な動作

- ●両腕を動かす

てつまる Point

紙コップを受け取る人は、下から棒で突きさすようにするとよいでしょう。また、渡す側は相手の棒に紙コップがささったことを確認してから、自分の棒を引くとうまくいきます。紙コップが落ちたときは、スタッフがすばやくひろいましょう。

Step 2 紙コップを落とさないようにとなりの人へ回していき、はじめの人まで戻す。

私がすぐにひろうから大丈夫ですよ!

ごめんなさい!

あら!

声かけのバリエーション

- ●棒をしっかり握ると安定しますよ
- ●みなさんスムーズですね!
- ●あまり棒を傾けないのがコツですよ

こんなアレンジも!

余裕が出てきたら、棒を2本にして両手でやってみましょう。紙コップも2個以上に増やして行うと、自分に回ってくる回数が増えるため、参加者の集中力も高まります。

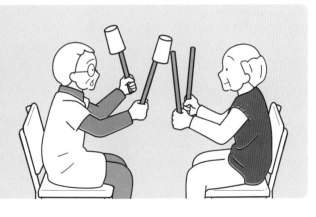

棒を使い、リレー形式で紙コップを回していく

紙コップリレー

新聞紙を丸めた棒を使い、紙コップをとなりの人に回していきます。腕の筋肉と肩の関節に効果的なレクリエーションです。用意する道具は同じですが、P.90のぐるぐる紙コップ回しよりも大人数で楽しみやすい内容なので、参加者の規模に合わせてどちらかを選ぶとよいでしょう。

参加人数	スタッフ数	所要時間
8人以上	2人〜	15分〜

体への効果	腕・肩の運動
脳・心への効果	集中力アップ、コミュニケーション活性化

準備

● 参加者は4人1組もしくは5人1組のグループに分かれる。グループごとにいすを横並びに並べて座る。グループは2組以上になるようにする。

● 各グループの先頭と最後尾にそれぞれいすを置き、先頭のいすには紙コップを伏せて並べる。

● スタッフは、参加者全員に棒を配る。

先頭のいす

進め方

Step 1　スタッフの合図で、先頭の人がいすから紙コップを取り、棒にかぶせてスタート。参加者は手を使わず、棒を使ってとなりの人の棒へ紙コップをかぶせていく。

よーい
スタート!

私うまく
できるかしら…

棒だけで
受け渡すの
よね

? こんなときは

紙コップを落としてしまう

急いで渡そうとするあまり、取り落としてしまうことも少なくないでしょう。その場合、お互いの棒に紙コップが引っかかったことを確認してから、渡す側が引き抜くように指導してください。腕を上げ続けることが難しい場合は、手でとってもよいことにしましょう。

必要な道具

- ☑ 紙コップ　各グループ5個以上
- ☑ 新聞紙を丸めた棒　人数分

必要な動作

- ●両腕を動かす

てつまる Point

紙コップの数は、多ければ多いほど盛り上がります！　また、紙コップの大きさや形によって、ゲームの難易度も変わります。事前にスタッフ同士で試してみて、難しさを確認してから行うようにしてください。

Step 2　最後の人は、紙コップが回ってきたら手で持って最後尾にあるあいているいすに置いていく。先頭の人は次々と、紙コップを回していく。先に、最後の紙コップを最後尾のいすに置き終えたグループが勝ち。

リードしてる！どんどんいこう！

ゆっくりでもいいから落とさないようにいこう

声かけのバリエーション

- ●棒の使い方に慣れてきましたね！
- ●次はチームを入れ替えてやってみましょう！
- ●最後までどちらが勝つかわかりませんよ

こんなアレンジも！

となりの人に回すだけでなく、ななめの人に渡していくジグザグで回すパターンにもチャレンジしてみてください。その場合、誰がどちらのチームかわかりづらくなってしまうため、紙コップに色を塗ったり、印をつけたりしておくとよいでしょう。

協力して紙コップを高く積み上げていく

崩さず積み上げて

立って
行っても
OK

参加者が円になり、真ん中に置いたいすに紙コップを積み上げていきます。腕の筋力と指の器用さを鍛えるレクリエーションです。また、自分の番で崩れてしまうのではないかというドキドキ感が一体感を生みます。崩してしまった参加者には温かい声をかけて、再挑戦をうながしましょう。

参加人数	スタッフ数	所要時間
4人以上	2人〜	15分〜

体への効果 腕・肩の運動、手指の運動

脳・心への効果 集中力アップ、コミュニケーション活性化

準備

● 丸いすのまわりに、円になるよういすを並べて参加者が座る。
　参加者のいすは、丸いすに手が届く位置にする。

● スタッフは参加者全員に紙コップを配る。

進め方

Step 1 参加者は順番を決めて最初の人が紙コップを丸いすに置く。

さあ、順番に
紙コップを
積んでいきましょう!

1つめ、
置きました

❓ こんなときは

丸いすがない

丸いすがない場合は、普段使っているつくえでもOKです。つくえが高すぎたり、いすから遠かったりすると積み上げにくいので、手を伸ばして届く距離で行うことがポイントです。

必要な道具

- ☑ 紙コップ　1人3個
- ☑ 丸いす　1つ

必要な動作

- ●両腕を動かす
- ●指を動かす

てつまる Point

紙コップはただ重ねるのではなく、口の向きを交互にかえて、高く積んでいきます。できるだけ口が大きい紙コップを使うと、積みやすくなります。参加者には協力して高く積むことを目標として伝え、スタッフも応援の言葉をかけましょう。

Step 2　次の人は、紙コップの底同士や飲み口同士が重なるように積んでいく。崩さないように気をつけながら、全員で協力して高く積み上げる。

1週目ラストです！
気をつけてー！

そーっと…

続いて、
2週目に
いきましょう！

声かけのバリエーション

- ●置き直してもOKですよ！
- ●すごい！ 高くまで積めましたね
- ●そーっと慎重に置いていきましょう

こんなアレンジも！

集団で盛り上がれるレクリエーションですが、ひとりひとり個別に卓上で行っても楽しめます。誰が一番はやく積み上げられるかを競い合ってもよいでしょう。

新聞紙を丸めたり、広げたりして、スピードを競う

丸めて広げて

つくえの上の新聞紙を広がったものは丸めて、丸まったものは広げるというゲームです。手指を器用に動かすことで、脳によい刺激になります。広げるときは新聞紙がやぶれないように、丁寧に行うことを目標にしてください。複数人で競争すると、参加者のモチベーションがアップします。

参加人数	スタッフ数	所要時間
1人以上	2人〜	10分〜

体への効果	手指の運動
脳・心への効果	集中力アップ

準備

- つくえといすを用意し、参加者が座る。
- つくえに新聞紙を広げた状態ものとボール状に丸めた状態のものを交互に置く。

進め方

Step 1
参加者は端から順に広げてある新聞紙は丸め、丸めてある新聞紙は開いて広げていく。

よーい
スタート！

まずは
丸めて…

❓ こんなときは

新聞紙のインクが
気になる場合

手の汚れが気になる場合は、ゴム手袋やポリエチレン手袋をして行ってください。また、丸めやすく、指を切る危険性が低いお花紙や半紙などの柔らかくうすい紙であれば、新聞紙でなくてもOKです。

必要な道具

- ☑ 新聞紙　1人5枚
- ☑ つくえ　1台

必要な動作

- ● 両腕を動かす
- ● 指を動かす

てつまる Point

誰がよりはやく、より丁寧にできるか競い合うと盛り上がります。新聞紙以外の紙でも代用はできますが、紙で指を切らないか、よく確認する必要があります。安全のために、事前にスタッフが試しておきましょう。

Step 2
つくえの上にあるすべての新聞紙を、スタートとは反対の状態にする。
つくえを並べて複数の参加者で対戦式にしてもよい。

これはなかなか
よい記録ですよ！

次は
広げる！

声かけのバリエーション

- ● この競技は集中力が大切です！
- ● あまり固く丸めなくても
  大丈夫ですよ
- ● やぶれないように気をつけて！

こんなアレンジも！

新聞紙の中にピンポン玉を入れてもよいでしょう。ピンポン玉を入れて新聞紙を丸める、ピンポン玉が入っている新聞紙を広げてピンポン玉を取り出すという動作をくり返します。1工程増えるため、より集中力が必要になります。

新聞紙に書いた線にそって、きれいにやぶっていく

びりびり新聞紙

新聞紙に直線や曲線、ジグザグの線などを引き、参加者がそれらの線に合わせてやぶっていくレクリエーションです。指を器用に動かす力と集中力を高める効果が期待できます。時間に余裕があれば、上級編として新聞紙に渦巻き状の線を書き、外から内に向かってやぶってもよいでしょう。

参加人数	スタッフ数	所要時間
1人以上	2人〜	10分〜

体への効果 手指の運動
脳・心への効果 集中力アップ

準備

● スタッフは、新聞紙に直線・波線・ジグザグ線を書いておく。
● つくえといすを用意し、参加者が座る。つくえには、線を書いた新聞紙を置く。

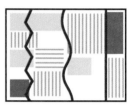

線を書いた新聞紙

進め方

Step 1 参加者は新聞紙の線にそって、手でやぶっていく。このとき、なるべく線からはみ出ないよう気をつける。

さあ
順調なスタートです!

手先は器用なほう
なんですよ

？こんなときは

上手にやぶれない

線の通りにうまくやぶれない場合は、新聞紙をつくえに置き、押さえながら行うと安定してやぶりやすくなります。

必要な道具

☑ 新聞紙　1人1枚
☑ マーカー黒　1本
☑ つくえ　1台

必要な動作

● 両腕を動かす
● 指を動かす

てつまる Point

P.96の「丸めて広げて」と同様に、このレクリエーションも参加者の人数が多い場合はスピードを競ってもよいでしょう。はやさだけではなく、どれだけ丁寧にやぶれるかにも注目すると、参加者それぞれの性格がわかり、おもしろいですよ。

Step 2　すべての線にそって新聞紙をやぶる。参加者が2名以上いる場合は、スタッフではなく参加者同士で新聞紙に線を書き合ってもよい。

難関ジグザグコース
うまくやぶれるでしょうか！

意外に難しいぞ…

声かけのバリエーション

● 少しぐらいはみ出しても大丈夫ですよ！
● やぶり方に個性がでますね！
● 線をよく見て！

こんなアレンジも！

2人1組になり、一緒に取り組んでもよいでしょう。新聞紙の見開きを横に使い、長い線を書いて両端からやぶります。1枚の紙に2人で向き合うことで、自然とコミュニケーションも活発になります。

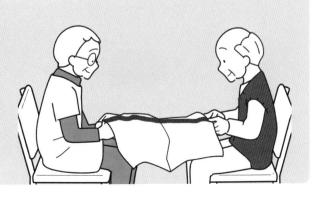

うちわで風船をあおぐ、バレーボール風ゲーム

うちわで風船バレー

２人１組になり、風船をうちわであおいでテニスのようにラリーを行うレクリエーションです。つくえにパーテーションを置き、テニスのネットに見立てて風船を相手のコートに届けます。運動量が多いため、疲れがたまらないようにこまめに休けいして、水分補給を行うとよいでしょう。

参加人数	スタッフ数	所要時間
２人以上	２人〜	15分〜

体への効果 腕・肩の運動、手指の運動

脳・心への効果 判断力アップ、コミュニケーション活性化

準備

● つくえの両端に、向かい合うようにいすを置く。

● つくえの真ん中にパーテーションを立てておく。

● スタッフは、風船をふくらましておく。参加者にはうちわを配る。

進め方

Step 1 スタッフがつくえの上に風船を入れるとスタート。参加者はうちわで風船をあおぎ、パーテーションに当たったり風船が床に落ちたりしないように気をつけながら、ペアの人に渡す。

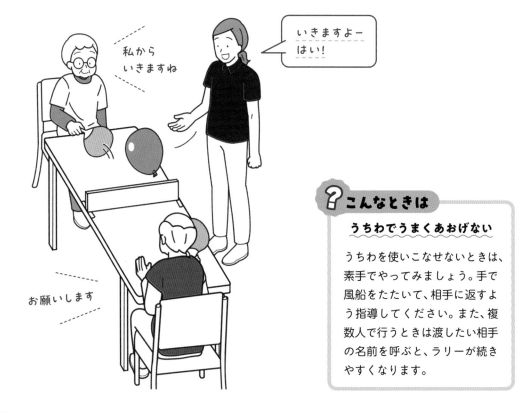

私から
いきますね

いきますよー
はい！

お願いします

？ こんなときは

うちわでうまくあおげない

うちわを使いこなせないときは、素手でやってみましょう。手で風船をたたいて、相手に返すよう指導してください。また、複数人で行うときは渡したい相手の名前を呼ぶと、ラリーが続きやすくなります。

必要な道具

☑ 長づくえ　1台　　☑ 風船　1つ

☑ うちわ　人数分　　☑ パーテーション　1枚

必要な動作

● 両腕を動かす

● 腕を伸ばす

てつまる Point

スタッフは参加者の転倒に気をつけましょう。夢中になれる反面、いすからの転倒リスクもあるレクリエーションなので、いつでも介助できるようにスタンバイしておきましょう。風船は割れたり、しぼんだりしてもいいよう予備を用意することをおすすめします。

Step 2
同じようにあおいで風船をペアのほうへ戻し、ラリーを続ける。
何回ラリーが続くのか挑戦する。

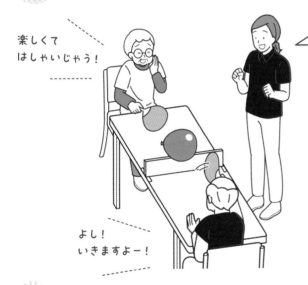

楽しくて
はしゃいじゃう！

いすから転ばないように
気をつけて！

よし！
いきますよー！

声かけのバリエーション

● あおいであおいで！

● みんなで熱くなりましょう！

● 手首のスナップが大事です

こんなアレンジも！

2対2のチーム戦で行い、勝ち負けをつけると競争心が出て楽しくなります。あおぐ回数にしばりをつけると難易度が上がります。

101

棒とボール、バケツを使い、リレー形式で競い合う

たたこう守ろう

２列になって棒、バケツをそれぞれリレーし、先にボールを棒でたたくか、それともバケツで守るかを競う、チーム対抗戦のレクリエーションです。すばやくボールをたたこ（守ろ）うと瞬時に判断する力や、声をかけ合いながら協力することでコミュニケーション能力が鍛えられます。

参加人数	スタッフ数	所要時間
８人以上	２人〜	15分〜

体への効果 腕・肩の運動

脳・心への効果 集中力アップ、判断力アップ、コミュニケーション活性化

準備

- 参加者は４人１組のグループに分かれて、グループ同士が向かい合うようにいすを横並びに並べてそれぞれ座る。グループは２組以上になるようにする。
- 列の先頭の間に、ゴムボールをのせたいすを置く。
- スタッフは、グループの先頭の参加者にバケツ、もう一方のグループの先頭には棒を配る。

進め方

Step 1
スタッフの合図で各グループはバケツと棒をとなりの人へ回していく。最後まで回ったら折り返して２往復する。

Step 2
先頭の参加者まで戻ってきたら、バケツのグループはいすの上にあるボールにバケツをかぶせ、棒のグループは棒でボールをたたく。ボールを守るのが先かたたくのが先かを競う。

必要な道具

- ☑ ゴムボール　1つ
- ☑ バケツ　1つ
- ☑ 新聞紙を丸めた棒　人数分

必要な動作

- たたく
- 腕を伸ばす

てつまるPoint 参加者全員にたたく動作、または守る動作をしてもらえるように、順番を変えながら実践してみましょう。スタッフ対参加者バージョンで参加者の人数が多い場合は、数える秒数も多くするとよいでしょう。

スタッフ対参加者バージョン

Step 1 円になるようにいすを並べて、1つのいすにゴムボールを置き、となりにスタッフが座る。あいているいすに参加者が座り、スタッフのとなりの参加者にバケツを渡す。

Step 2 スタッフの合図で参加者はバケツをとなりの人へ回しはじめ、スタッフは5秒数える。ボールのとなりの人までバケツが回ったら参加者はボールにかぶせて守る。スタッフは5秒数え終わったら棒でボールをたたく。スタッフがたたくのが先か、参加者が守るのが先か競う。

声かけのバリエーション

- テンポよく回しましょう！
- 落とさないように気をつけて！
- どちらのチームが勝つかな～？

列になって棒をすばやくうしろに回すリレー

1列棒リレー

新聞紙でつくった棒をバトンのようにうしろに回し、リレー形式でスピードを競います。腕の動作と判断力を鍛える効果が期待できます。スムーズに回せるかどうかが勝負のカギです。チームで声をかけ合い、一丸となって取り組むと白熱します。スタッフも応援をして盛り上げましょう。

参加人数	スタッフ数	所要時間
8人以上	2人～	15分～

体への効果	腕・肩の運動
脳・心への効果	判断力アップ、コミュニケーション活性化

準備

● 参加者は4人1組のグループに分けて、グループ同士が縦1列になるよういすを並べて座る。グループは2組以上になるようにする。

● スタッフは、列の先頭の参加者に棒を配る。

進め方

Step 1 先頭の参加者は棒をひざの上にのせた状態でスタート。スタッフの合図で棒をうしろの人へ回していく。

はいっ!

はい どーぞ!

どんどん回しましょう!

? こんなときは

片腕を動かしにくい人がいる

片側にまひがあるなど、片腕を動かしにくい人がいる場合は、片手のみで行うか、スタッフが入り補助をしながら行ってください。棒を落とした場合は、スタッフがひろうようにしましょう。

必要な道具

☑ 新聞紙を丸めた棒　各グループ1本

必要な動作

● 両腕を動かす
● 腕を伸ばす

てつまる Point

各列がチームとなり、団結して行う対抗戦です。まずは1往復して、どちらの列がはやく回せるかを競ってみましょう。先頭の人には、棒が戻ってきたら手を挙げて、回し終えたことをアピールするよう伝えましょう。

Step 2　最後尾まで棒が回ったら、折り返して今度は前に戻していく。先頭の人へはやく戻したグループが勝ち。

はやいはやい！

がんばれー！

声かけのバリエーション

● しっかり握って！
● 声をかけ合いましょう
● みなさんスムーズですね

こんなアレンジも！

棒は横から回すだけではなく、上から回すパターンも試してみましょう。両手で棒を持ち、上に挙げてうしろの人に回すイメージです。肩の可動域アップにつながります。
※ただし、肩に痛みがある人は無理をしないでください。

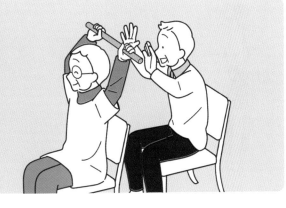

棒を横にして持ち、水平にして投げ渡す

キャッチ棒

棒を水平に持ち、両手で放るように、となりの人に投げ渡します。腕の運動とコミュニケーションの活性化をねらったレクリエーションです。投げる側と受け取る側の息を合わせないと、棒を取り落としてしまうため、スタッフは声をかけ合うことや相手の動きをよく見ることをアドバイスしましょう。

参加人数	スタッフ数	所要時間
4人以上	2人～	15分～

体への効果 腕・肩の運動、手指の運動
脳・心への効果 集中力アップ、コミュニケーション活性化

準備

● 十分に距離をとって円になるようにいすを並べて参加者が座る。
● スタッフは、参加者の1人に棒を配る。

進め方

Step 1 はじめの参加者は棒を真横にして両端を持ち、となりの人へ両手で投げ渡す。

下投げで渡してくださいねー

いきますよ

どうぞ!

❓ こんなときは

参加人数が少ない

少人数の場合は、2人組になって行いましょう。向かい合って座り、キャッチボールをするような感覚で楽しみます。棒を取り落としたときは、スタッフがひろうこと。参加者の転倒を防ぎましょう。

必要な道具

☑ **新聞紙を丸めた棒　1本以上**

必要な動作

● **投げる**
● **キャッチする**

てつまる
Point

投げる人は左右均等の力で投げることを意識しましょう。この動作では利き手に力が入りがちです。どちらか片方の力が強いと傾いてしまうので、極力同じ力で投げてみてください。受け取る側は棒をよく見てキャッチしましょう。

Step
2 棒を受け取る参加者は両手で棒をキャッチする。これをくり返し、棒を回していく。

じょうず
じょうず！

おっと！

はいっ！

声かけのバリエーション

● 「せーの」で渡してみましょう
● ナイスキャッチ！
● なるべく水平にしまう

💡 **こんなアレンジも！**

慣れてきたら1本だけでなく、2本の棒を同時に投げて、同時キャッチにトライしてみてください。

2本の棒にゴムボールをのせて回していく

ドキドキボール回し

2本の棒の上にボールをのせて、参加者同士で回していきます。ボールを落とさないよう意識して、腕の傾きに注意するため、上肢の筋肉に刺激が与えられます。また、集中力も磨かれます。ボールは棒にのせるだけで、はさまないようにしてください。棒をしっかり握ることで、握力も鍛えられます。

参加人数	スタッフ数	所要時間
4人以上	2人〜	15分〜

体への効果 腕・肩の運動、手指の運動

脳・心への効果 集中力アップ、コミュニケーション活性化

準備

● 十分に距離をとって円になるようにいすを並べて参加者が座る。
● スタッフは、参加者の1人に棒を2本配る。

進め方

Step 1 はじめの参加者は棒の端を両手で1本ずつ持ち、スタッフが2本の棒の間にボールをのせたらスタート。参加者はボールを落とさないように棒を持つ。

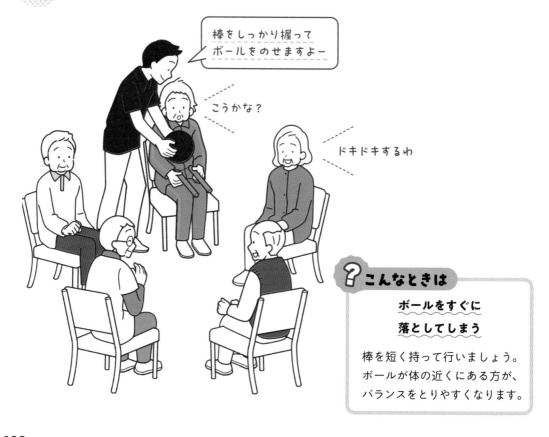

棒をしっかり握って
ボールをのせますよー

こうかな？

ドキドキするわ

？ こんなときは

ボールをすぐに落としてしまう

棒を短く持って行いましょう。
ボールが体の近くにある方が、バランスをとりやすくなります。

必要な道具

- ☑ 新聞紙を丸めた棒　1チーム2本
- ☑ ゴムボール　1チーム1つ

必要な動作

- ● 両腕を動かす

てつまるPoint

とにかく、ゆっくり行うことが大切です。棒が大きく傾かないように、ボールを回すよう指導してください。慎重に行うことで、スリルのあるレクリエーションを楽しめます。棒の長さや持つ位置によって難易度が変わります。

Step 2 棒の先をとなりの人へ向け、ボールを落とさないように棒を渡す。これをくり返し、棒とボールを回していく。

いきますよ

棒が傾かないように水平にしましょう

持ちます！

声かけのバリエーション

- ● 慎重にいきましょう！
- ● ゆっくりで大丈夫ですよー
- ● 棒と棒の間があきすぎないよう気をつけて！

こんなアレンジも！

慣れてきたら、棒とボールの数を増やすと、自分に回ってくるスピードがはやまるので、より盛り上がります。また、ボールを風船にかえてみてもよいでしょう。はやく動くと風船がとんでいってしまうため、こちらもゆっくり動かなくてはならず、ボールとはまた違った難しさを楽しめます。

立ってじゃんけんを行い、負けたら足を開いていく

立ってじゃんけん

立って行ってもOK

じゃんけんによって判断力をトレーニングしながら、立ち姿勢を変えることで下半身の柔軟性や筋力を鍛えられるレクリエーションです。スタッフは参加者に無理をさせないように、「無理はしないでください」「つらかったら、やめても大丈夫ですよ」と声がけをしつつ、注意深く行ってください。

参加人数	スタッフ数	所要時間
6人以上	2人〜	15分〜

体への効果 手指の運動、足の運動

脳・心への効果 判断力アップ、コミュニケーション活性化

準備

● 距離をとって円になるようにいすを並べる。

進め方

Step 1 参加者はいすのうしろに立ち、背もたれに手が届くようしてとなりの人と2人1組のペアをつくる。

いすの背もたれをつかめる位置に立ってください

よーい、スタート!

よろしくお願いします

？ こんなときは

立つ姿勢が安定しない

スタッフが介助するか、横に手すりなどを置いて転倒に気をつけながらやってみましょう。

必要な道具

☑ 背もたれがあるいす　人数分

必要な動作

● 立つ
● 指を動かす
● 足を広げる

てつまる Point

何度もくり返しじゃんけんを行うレクリエーションになります。無理な姿勢で続けることにならないように、スタッフは参加者の様子をしっかりみましょう。体幹が安定しない人や開脚するとふらつく人がいる場合は、すぐにストップしてください。

Step 2

それぞれペアでじゃんけんをして負けた方は足を横に少しずつ開いていく。このとき、背もたれを支えに手をついてもよい。じゃんけんをくり返して、負けたら足１つ分、２つ分、３つ分と開き、どちらかが４回負けたらおわり。

※体幹が安定しない方や、開脚することでふらつく人は無理せず中断してください。

じゃんけんぽん！

ぽん！
もうつらくなってきた

無理はしないでつらくなってきたら最初からにしましょう

声かけのバリエーション

● 次は別の人と組んでみましょう
● 途中で休けいしてもいいですよ

こんなアレンジも！

足を横に開くのではなく、１回負けたら「前後に開く」、２回負けたら「ひざを曲げて重心を落とす」というように、負けたときのバリエーションを変えてみましょう。勝ったら足を１段階戻し、３回連続でじゃんけんに負けたら、負けといったルールで対決しても盛り上がります。動きが変わると、下半身への運動効果を変えることができます。

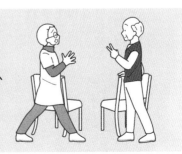

リズムに合わせてストレッチ効果のある運動をする

リズムにのって伸び縮み

スタッフの手拍子に合わせて、参加者が両手や両足を伸ばします。耳でリズムを聞き取り、それに合わせて体を動かす脳トレ要素と、両手両足を動かすストレッチ要素を組み合わせています。手足をしっかり伸ばすことで、腕の筋力アップや冷えの予防効果が期待できます。

参加人数	スタッフ数	所要時間
1人以上	2人〜	10分〜

体への効果 腕・肩の運動、足の運動
脳・心への効果 集中力アップ、認知力アップ

準備

● 十分に距離をとっていすを並べて、参加者は全員いすに座る。
● スタッフは参加者の正面に座る。

進め方

Step 1 スタッフの「いち、に、さん、よん」のかけ声に合わせ、4拍子のリズムで上半身を下図の動きでくり返す。

①右手を上に

右手を上げて、左手を真横に上げる。

②両手を胸の前へ

両手を胸の前で閉じる。

③左手を上に

左手を上げて、右手を真横に上げる。

④両手を胸の前へ

両手を胸の前で閉じる。

❓こんなときは

テンポが遅れてしまう参加者がいる

テンポが遅れる、動作がうまくできない参加者がいる場合は「間違えても大丈夫ですよ」「少しテンポを遅くしますね」などと声をかけて、一定のリズムで続けてみてください。リズムがぴったり合わなくても、リズムにのろうとして体を動かすことが、体の機能によい影響を与えます。

※イラストはスタッフです。スタッフは参加者の鏡になるよう左右反対の動きをしましょう。

必要な動作

● **指を動かす**
● **腕を伸ばす**
● **足を広げる**

> てつまる
> **Point**
>
> 手と足それぞれの動きに慣れてきたら、手足を一緒に動かしてもよいでしょう（例：右手と右足を横に開く→閉じる→左手と左足を開く）。指先までしっかりと意識して伸ばすことが大切です。脳と体両方同時に鍛えられますよ。

足バージョン

Step 2 スタッフの「いち、に、さん」のかけ声に合わせ、3拍子のリズムで足を下図の動きでくり返す。

● **両足閉じる** 　　　　　● **片足を前に** 　　　　● **両足開く**

両足をそろえて閉じる。　　　片足を前に出し、もう片方の足を　　両足を横に開く。
　　　　　　　　　　　　　　うしろに引く。

声かけのバリエーション

● **無理はしないでOKです！**
● **できるだけ伸びましょう**
● **ちょっとはやくしますよ〜**

💡 **こんなアレンジも！**

両手を伸ばすとき、手をパーにする動きに慣れたら、指を1〜5本、順番に立てていくなど、手の動きを追加してみましょう。脳トレ要素がより一層強まります。

手足の入れ替えをリズムに合わせてくり返す

腕振り足踏み

スタッフのかけ声に合わせて、手足を前後に振ります。スタッフの合図で手足の振り方を変えながら続けます。スタッフのかけ声に耳を傾けながら、体を動かし続けるという、脳トレと持久力アップを組み合わせたレクリエーションです。足の動かし方を変えることで、刺激される筋肉が変わります。

参加人数	スタッフ数	所要時間
1人以上	2人〜	10分〜

体への効果 腕・肩の運動、足の運動
脳・心への効果 集中力アップ、認知力アップ

準備

● 十分に距離をとっていすを並べて、参加者は全員いすに座る。
● スタッフは参加者の正面に座る。

進め方

Step 1
スタッフの「いち、に、いち、に」のかけ声に合わせ、手足を前後に動かしていすに座ったまま歩く動作をする（右手が前のときは左足が前、左手が前のときは右足が前）。

いち！

に！

❓ こんなときは

手足をうまく連動させて動かせない

最初は腕振りのみ、または足の入れ替えのみのどちらかにしぼり、それぞれの体の動きを練習して、リズムをつかむとよいでしょう。

※イラストはスタッフです。スタッフは参加者の鏡になるよう左右反対の動きをしましょう。

必要な道具

なし

必要な動作

● 両腕を動かす
● 足を上げる

てつまる Point

手足を連続して曲げ伸ばしするため、無理に大きく動かさないように気をつけてください。前後に動かす幅が大きいほどトレーニング効果は上がりますが、疲れてしまうおそれがあります。動きは小さく、はやいテンポを意識しましょう。

Step 2

スタッフの「せーの」の合図で手足どちらかを1拍分休んで手足の動きを入れ替える（右手が前のとき右足も前、左手が前のとき左足も前）。「いち、に、いち、に」のかけ声に合わせて腕振りと足踏みを続けて、途中で動きを入れ替えながらこれをくり返す。

切り替えて…
いち！

に！

声かけのバリエーション

● リズムよくいきましょう！
● ゆっくりと力強くやってみましょう！
● 動きは小さくても大丈夫です

こんなアレンジも！

足は前後に動かすのではなく、もも上げのようにひざを曲げたまま足踏みする動きに変えてもよいでしょう。
ひざを曲げた状態で足を上げることで、太もも裏の筋肉が刺激されます。「ハムストリングス」と呼ばれるこの筋肉は、太ももの前面の筋肉と比べて日常的に使う機会が少ないため、意識して鍛える必要があります。

いち！

に！

両手を組み替えながら、つな渡りのように足を動かす

握ってつな渡り

片手でもう片方の手の指を握りながら、つな渡りのように足を前後に動かします。1本の線の上を歩く、「つぎ足」の動きは、衰えやすいといわれている太もも裏と内ももの筋肉を同時に刺激できます。やみくもに行うのではなく、筋肉を意識しながら行うよう指導すると、より効果的です。

参加人数	スタッフ数	所要時間
1人以上	2人〜	10分〜

体への効果 手指の運動、足の運動
脳・心への効果 集中力アップ、認知力アップ

準備

- 床にカラーテープを貼り、足元の真ん中を通るようにいすを並べて参加者全員が座る。
- スタッフのいすは、参加者全員が見える位置に置く。

進め方

Step 1 足元のテープの上を歩くように足を動かす。足を前後入れ替えるときは、つな渡りするようなイメージでつま先とかかとを合わせる。

テープの上で
つな渡りをするように
足を動かしてください

? こんなときは

指の入れ替えがうまくできない

握りやすい指と握りにくい指がある場合は、握りやすい指だけで連続して行うように指導します。同じ動作によって指がつらないように、こまめに手を握ったり、開いたりして、休けいするとよいでしょう。

☑ カラーテープ　1つ

● 両腕を動かす
● 指を動かす
● 足を上げる

てつまる Point

いきなり最初から「親指→人さし指→小指」の順番を決めて行うと、混乱することもあります。まずは握る指を1つ決めて、くり返し行ってみましょう。握る指を変えるのは、動きに慣れてからでOKです。

Step 2

足の左右を入れ替えるリズムに合わせて、スタッフの「せーの」の合図で手の指を握る動きを加える。

左手の親指→右手の親指→左手の人さし指→右手の人さし指→左手の小指→右手の小指を順に反対の手で握る。

左手の親指を握る　　左手の親指を握る ～ 右手の親指を握る　　左手の人さし指を握る　　右手の人さし指を握る

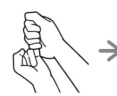

左手の小指を握る　　右手の小指を握る　　足の動きと手の動きを同時に行う

親指、親指…
いい感じですよ！

声かけのバリエーション

● これは意外に難しい動きなんです
● 自分でできるスピードでやってみましょう
● つな渡りをイメージして
● 疲れたら、休けいしましょう

こんなアレンジも！

スタッフがランダムで握る指を指定するのもよいでしょう。難易度がアップして、より集中力が必要になります。

足を使って牛乳パックをすばやく転がす

足で牛乳パック転がし

サイコロのように6面に数字を書いた牛乳パックを、両足を使って転がし、数字が書かれた面を順番に上に向けるレクリエーションです。足や足首の筋肉を鍛えられるほか、牛乳パックの側面をしっかり見つめることで、集中力と判断力が磨かれます。

参加人数	スタッフ数	所要時間
2人以上	2人～	10分～

体への効果 足の運動
脳・心への効果 集中力アップ、判断力アップ

準備

● スタッフは洗って乾燥させた牛乳パックを箱型に組み立て、各面に1から6の数字を書く。数字が読みづらい場合は画用紙を貼るとよい。

● 十分に距離をとっていすを並べて、参加者は全員いすに座る。

数字を書いた
牛乳パック

進め方

Step 1 スタッフは参加者全員に数字を書いた牛乳パックを、1の面を上にして参加者の足元に立てる。

サイコロ
みたい

配っていきますねー

? こんなときは

**牛乳パックを
つぶしてしまう**

足で強くふむと、牛乳パックが変形してしまいます。はじめる前に、つま先でやさしく転がすように指導してください。力を調整することも運動効果につながります。あらかじめ、つぶされてしまうことを想定して、予備を用意しておくとよいでしょう。

必要な道具

☑ 牛乳パック　人数分

必要な動作

● 両足を動かす

てつまる Point

牛乳パックを足で転がすことで、足首の可動域がアップします。また、牛乳パックを両足ではさんで持ち上げると、足のつけ根の筋肉が刺激されます。転がすだけではなく、持ち上げて面を変えることも提案するとよいでしょう。

Step 2

スタッフの合図で参加者は足を使って牛乳パックを転がし、1から6の面を順番に上に向ける。終わったら挙手し、スピードを競う。

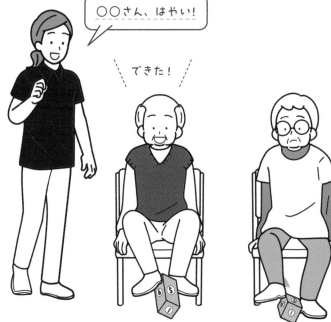

〇〇さん、はやい！

できた！

声かけのバリエーション

● 片足をそえるとやりやすいですよ
● つま先をうまく使って！
● 足の関節が柔らかくなります！

こんなアレンジも！

スタッフがランダムに指定した数字の面を上に向けるというルールで行っても楽しめます。その場合は、牛乳パックを足にはさんだ状態で連続して行わず、毎回必ず足元に置いてからスタートするようにしてください。

お手玉を投げ上げて、手の甲でキャッチする

バランスキャッチ

スタッフの合図に合わせてお手玉を投げ、手の甲でキャッチします。何度かくり返していき、落とさないように連続して続けられた人の勝ちです。長く続けるためには、腕の運動能力とリズム感、さらに動体視力が必要です。ほかの参加者との競争要素があるため、盛り上がります。

参加人数	スタッフ数	所要時間
2人以上	2人〜	10分〜

体への効果 手指の運動
脳・心への効果 集中力アップ

準備

● 十分に距離をとっていすを並べて、参加者は全員いすに座る。
● スタッフは参加者に1人1個お手玉を配り、全体が見える位置に立つ。

進め方

Step 1 参加者は片手でお手玉を持ち、真上に投げてキャッチする。落とさないように気をつけながら、徐々に高く投げるようにする。

ほっ!

> 上に投げたお手玉は手の平を下げて受け止めてください

よし!

？こんなときは

うまくキャッチできない

まずは上に投げる高さを、低めからチャレンジするよう指導してください。いきなり高い位置まで投げようとすると、失敗する可能性が高まり、モチベーションが下がります。慣れてきたら、徐々に高くしていくこと、無理に高く投げなくてもよいことを伝えましょう。

必要な道具

☑ お手玉　人数分

必要な動作

● 投げる
● キャッチする

てつまる
Point

手の平でキャッチする場合は、取り落としそうなときに握ることもできますが、手の甲はのせるだけなのでうまくバランスをとる必要があります。お手玉から目をはなさないように指導するとよいでしょう。

Step 2 慣れてきたら「いち、に、さん」のかけ声に合わせてテンポよく行う。「いち」「に」のときは手の平でキャッチし、「さん」のときはお手玉を手の甲にのせる。参加者全員、「いち、に、さん」のくり返しでこれを続け、最後まで落とさずに続けられた人の勝ち。

いち

に

さん!

できた!

ナイス
キャッチ!

声かけのバリエーション

● 落としてしまった人も何回成功するか数えてみてください。
● すばらしいバランスですね！
● どちらの手で行ってもOKですよ

💡 **こんなアレンジも！**

お手玉を投げて宙に浮いている間に、ひざをたたき、落ちてきたところをキャッチするという方法も、ゲームがより高度になるためおすすめです。たたく回数を1拍ずつ増やしていくとおもしろいでしょう。動作が多くなり、成功率が下がります。

お手玉を足でけったり、キャッチしたりする

お手玉キック

足の甲にお手玉をのせてけり上げ、キャッチ
したり、バケツなど目標に向けてとばしたり
するレクリエーションです。ひざを上げると
きは足のつけ根の筋肉、足を伸ばすときは太
ももの表の筋肉をそれぞれ意識して行うと効
果的です。下半身の衰えやすい部位に対して、
強くアプローチできます。

参加人数	スタッフ数	所要時間
1人以上	2人〜	15分〜

体への効果 足の運動
脳・心への効果 集中力アップ、判断力アップ

準備

● 十分に距離をとっていすを並べて、参加者は全員いすに座る。
● スタッフは参加者に1人1個お手玉を配り、全体が見える位置に立つ。

進め方

Step 1 参加者は片足の甲にお手玉をのせる。ひざを伸ばしてお手玉を自分の
方へとばし、タイミングよくキャッチする。

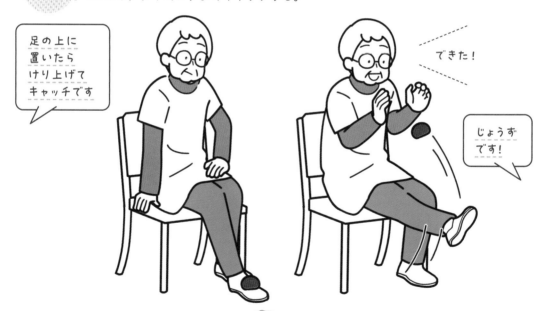

足の上に
置いたら
けり上げて
キャッチです

できた！

じょうず
です！

？ こんなときは

お手玉がうまくバケツに入らない

距離を近づけて行いましょう。投げるというよりも、
落とすぐらいの距離で行ってみてください。

必要な道具

- ☑ お手玉　人数分
- ☑ バケツ　1つ

必要な動作

- ● キャッチする
- ● 足を上げる

てつまる Point

年をとると足首を動かしたり、ひざを上げたりといった動きをあまりしなくなるため、このレクリエーションは普段しない動作をするきっかけづくりになります。日頃足の運動が不足している参加者がいる場合、とくにおすすめです。

バケツに入れるバージョン

Step 1
スタッフは参加者から少し距離をとった位置にバケツを置く。
参加者は片足の甲にお手玉をのせる。

Step 2
ひざを伸ばしてキックするようにお手玉をバケツの方へとばし、
お手玉をバケツに入れる。

よーし、ねらいを
定めて…

決まった！

ナイスゴール！
さすがです！

声かけのバリエーション

- ● 少しバケツとの距離を開けて
  レベルアップしてみませんか？
- ● 何回成功したか数えましょう
- ● 強くけりすぎないよう気をつけて！

こんなアレンジも！

足の甲にのせたお手玉を、足元に立てた口が大きめの紙コップに入れるパターンも試してみてください。思い切りけるのではなく、慎重にねらってお手玉を落とすイメージです。足首を鍛えながら、集中力も養えます。

123

てつまるが教える! レクリエーション Q&A

Q 参加者の身体機能にバラつきがあって、
その場にいる全員が楽しめるようなレクが思いつきません。

A 　グループを分けて実施するのがよいでしょう。例えば、要支援の参加者同士、要介護の参加者同士など、身体機能が近い人同士で組ませれば、そのグループに合わせてレクの内容や運動量も調整できます。無理なく楽しめる人が増えて、レクの満足度が上がりますよ。
　スタッフの人数やスペースの都合などにより、分けて行うことが難しい場合は、その場にいる全員が最後までできるように、難易度をコントロールする必要があります。体を動かすレクなど、余裕を持ってこなせる人には、少し運動強度が高まるやり方を指導してもよいでしょう。
　どれくらいの難易度が適切かどうかは、くり返し実施していくことでしか見つけられないかもしれません。参加者の反応を見て改善していき、理想的な内容を見つけてください。
痛みが出ている人には
　肩や腰、ひざなどに痛みを抱えている人が、無理に体を動かそうとしていた場合は「その動作は行わなくていいですよ」と一言声をかけてあげましょう。それでも行ってしまう場合は、途中で別の動作に切り替えて指導しましょう。

Q レクのネタ切れとマンネリに悩んでいます。
てつまるさんはどのようにしてレクを考えていますか?

A 　まずは「高齢者だから」という偏見をすてることが重要です。試してもいないのに「できないだろう」という思い込みを持ってしまうと、行えるレクの内容が限られてきます。
　自分たちが参加しても夢中で楽しめるような「少し難しくても、参加して楽しいレク」を考えて、実践してみてください。負荷の調整は後からでもよいので、高齢者という概念をすてて、「自分自身も思い切り楽しみたい!」という思考を持って考えることがポイントです。
　ちなみに、SNSにアップした動画で400万回再生されたP.74「ホワイトボード玉投げ」は、てつまる自身が1人でやってみておもしろいと思ったため、そのままレクに採用しました(笑)。

片まひの方でも参加できるレクを教えてください。

 　道具を使ったレクなどは、片手でもチャレンジしがいがある内容です。片手で棒を回したり、片手でお手玉を投げたりといったように、その場にいる全員が片手でも楽しめる内容を行うと、一体感が生まれます。
　また、運動系のレクでも、動かせる範囲で体を動かすことをおすすめします。くり返し動かすことで、可動域が向上することもあります。

 認知症の方でも参加できるレクを教えてください。

 　症状にもよりますが、認知症の方がいる場合は、体を動かすタイプのレクをおすすめします。ホワイトボードを使った脳トレなど、深く考える必要があるレクでは、参加が難しくなってしまいます。それよりも、体を動かして楽しんでもらうとよいでしょう。

 体操の効果を上げるために意識することは何ですか？

 　体操や筋力トレーニングにおいては、使っている筋肉や関節を意識することが重要です。ただやみくもに動かすのと、部位を意識しながら動かすのでは、同じ動作でも効果が大きく変わってきます（この効果は「意識性の原則」と呼ばれています）。体操の効果を最大限に引き出すためにも、スタッフは毎回、参加者に「意識してほしい部位」を伝えながら行ってください。

無理をさせないために
　無理をして痛みを引き起こさないためにも、スタッフは常に参加者の表情を確認してください。呼吸が上がっている、肩が上下しているなど、細かい動きに注意して、無理をさせる前に負荷を変えることが大切です。

 介護レクについてもっと知りたい方は
「てつまる」のホームページにも
アクセスしてみてください。
YouTubeのチャンネルもこちらからどうぞ。

掲載レクリエーション一覧

分類	レク名	ページ	体への効果	
			発声運動	腕・肩の運動
頭を使う脳トレ系レク	指先バラバラ遊び	34	●	●
	鳴いて答えて	36	●	
	50音で言葉遊び	38	●	
	つまんでたたいて入れ替えて	40		
	トントン・スリスリ	42		●
	クロスしながら数字増やし	44		●
	3の倍数でシーッ	46	●	
	音で判断グーチョキパー	48		●
	以心伝心で全員一致	50		
	数字を覚えてポーズ	52		●
	中を前に！ 中抜きしりとり	54	●	
	文字を増やす！ しりとりリレー	56	●	
	2択で多いもの選びゲーム	58	●	●
	指で書いて！　背中なぞり	60		
	名前を呼んでボール投げ	62	●	●
	色分けカラーボール上げ	64		●
	呼ばれたら上げて！瞬発ゲーム	66		●
みんなで楽しむ ゲーム系レク	全身で勝ち残りじゃんけん	68		●
	つくえでお手玉ホッケー	70		●
	壁を越えて！お手玉キャッチボール	72		●
	ホワイトボード玉投げ	74		●
	箱引き玉投げ	76		●
	箱でお手玉キャッチ	78		●
	ねらって投げて	80		●
	タオルでキャッチ＆リリース	82		●
	ぴったりチャレンジ	84		
	傾けて渡して	86		●
	つまんではさんで	88		
	ぐるぐる紙コップ回し	90		●
	紙コップリレー	92		●
	崩さず積み上げて	94		●
	丸めて広げて	96		
	びりびり新聞紙	98		
	うちわで風船バレー	100		●
	たたこう守ろう	102		●
	1列棒リレー	104		●
	キャッチ棒	106		●
	ドキドキボール回し	108		●
自分のペースでできる エクササイズ系レク	立ってじゃんけん	110		
	リズムにのって伸び縮み	112		●
	腕振り足踏み	114		●
	握ってつな渡り	116		
	足で牛乳パック転がし	118		
	バランスキャッチ	120		
	お手玉キック	122		

Part 2で紹介している「てつまる式レク&エクササイズ」の効果一覧です。
あなたが担当するレクの現場で、より多くの参加者に満足感を与えられるものを選びましょう。
また、前回行ったレクとは別の効果のレクを選ぶなどして、マンネリ化を防ぐことにも役立てましょう。

手指の運動	足の運動	脳・心への効果			
		集中力アップ	認知力アップ	判断力アップ	コミュニケーション活性化
●		●		●	
		●			
			●		●
●		●		●	
		●		●	
●		●		●	
		●		●	
●	●	●			
			●		●
●	●			●	●
			●		●
			●		●
				●	●
●		●		●	●
		●		●	
		●		●	
●	●				●
		●		●	●
		●		●	●
●		●			●
		●			●
		●			●
		●			●
●		●		●	●
●		●			●
		●			●
		●			●
●		●			●
●		●			
●		●			
●				●	●
		●		●	●
				●	●
●		●			
●		●			
●	●			●	●
	●	●	●		
	●	●	●		
●	●	●	●		
	●	●		●	
●		●			
	●	●		●	

著者

辻 徹郎（てつまる）

【保有資格】 柔道整復師

1989年生まれ。千葉県千葉市出身。
合同会社てつまる代表。
2012年に新卒で機能訓練指導員として運動型デイサービスに就職後、2016年に独立し高齢者の体操の先生として教室を開催。その自身の経験から『介護予防をもっと広めていきたい』と強く思うようになり、2019年介護職員向けに運動ノウハウを発信するYouTube「てつまるチャンネル」を開設。介護予防YouuTuberてつまるとしても活躍。現在、動画配信をはじめ、出張体操やセミナー講師など多岐にわたり活動中。

Staff

カバーデザイン	熊谷昭典（SPAIS） 佐藤ひろみ
カバーイラスト	Igloo*dining*
本文デザイン	SPAIS 佐藤ひろみ
本文イラスト	又吉麻里
編集協力	株式会社童夢

楽しみながら自然に体が強くなる
高齢者の新しいレクリエーション

2023年5月1日 第1刷発行

著 者	辻 徹郎
発行者	吉田芳史
印刷所	株式会社文化カラー印刷
製本所	大口製本印刷株式会社
発行所	株式会社 日本文芸社
	〒100-0003 東京都千代田区一ツ橋1-1-1
	パレスサイドビル8F
	TEL 03-5224-6460（代表）

内容に関するお問い合わせは、小社ウェブサイトお問い合わせフォームまでお願いいたします。
URL https://www.nihonbungeisha.co.jp/

Printed in Japan 112230420-112230420 Ⓝ 01 （290064）
ISBN978-4-537-22058-2
©Tetsuro Tsuji 2023
編集担当 藤澤